BEJAHUNG DES LEBENS

REICHL VERLAG
DER LEUCHTER
ST. GOAR

1992

K. O. SCHMIDT

NEUE LEBENSSCHULE

Die „NEUE LEBENSSCHULE“ ist ein Arbeitsbuch, welches den Leser das ganze Leben lang begleitet. Sie ist in 52 Wochenlektionen gegliedert und führt den Leser Schritt für Schritt in die Kunst der Lebenbemeisterung ein. Viele praktische Übungen, die sämtliche Bereiche des Daseins umfassen, und die Anwendung der Lebensgesetze helfen, die schöpferischen Kräfte der Seele zu aktivieren. Der Leser entdeckt so eine Vielzahl bisher unbekannter Fähigkeiten und Talente in den Tiefen seines Wesens. Er lernt, seiner inneren Führung zu folgen und seinen eigenen individuellen Weg zu finden. So lebt er schließlich im Einklang mit sich selbst, seinen Mitmenschen und den ewigen Gesetzen...

Aus dem Inhalt:

Band I, In dir ist die Kraft: Steigerung der Willenskraft. – Praxis der Konzentration. – Entfaltung der schöpferischen Kräfte. – Ausdauer ersetzt Genialität.- Beseitigung seelischer Hemmungen. – Überwindung von Minderwertigkeitsgefühlen. – Grundlagen des Erfolges. – etc.

Band II, Macht der Persönlichkeit: Sicheres Auftreten. – Menschenkenntnis. – Richtig lernen und Behalten, Überwindung von Gedächtnisschwäche. – Richtig Verhandeln. – Geistesgegenwart und Schlagfertigkeit. – Selbstschutz vor Fremdbeeinflussung. – Das Gesetz der Anziehung. – etc.

Band III, Die schöpferischen Kräfte: Erkenne dich selbst.- Der Mensch, Schatzkammer schöpferischer Kräfte. – Emmerson, der Lebenslehrer. – Der äußere und der innere Mensch. – Persönlichkeit und Individualität. – Aktivierung der Tiefenkräfte. – Kraftfeld Mensch. – etc.

Band I 1.-26 Woche, 412 S.
In Dir ist die Kraft
Band II 27.-52. Woche, 384 S.
Macht der Persönlichkeit
Band III Ergänzungsband,384 S.
Die schöpferischen Kräfte
je Bd. br.DM 24,80/ Ln DM 36,–
Band I-III brosch. zus.DM 68,–
ISBN 3-87667-174-4
Band I-III Leinen zus. DM 98,–
ISBN 3-87667-164-7

DR. MED. CARL WICKLAND

DREISSIG JAHRE UNTER DEN TOTEN

Übersetzt und eingeleitet von Dr.med. Wilhelm Beyer

Mit Hilfe der medialen Fähigkeiten seiner Frau gelingt es Dr. med. Wickland, mit sogenannten „erdgebundenen Geistern“ Gespräche zu führen, die hier wortgetreu wiedergegeben werden. Der Leser erhält wertvolle und lehrreiche Informationen über die Entwicklung des Menschen nach dem körperlichen Tod. Darüber hinaus zeigt er die möglichen Einflüsse geistiger Wesenheiten auf den Einzelnen und beschreibt Wege, in Fällen von Besessenheit erfolgreich und nachhaltig zu helfen.

476 Seiten, kart. DM 29,80
ISBN 3-87667-001-2

476 Seiten, Ln. DM 37,–
ISBN 3-87667-000-4

DR. MED. HANS NAEGELI-OSJORD

BESESSENHEIT UND EXORZISMUS

Dr.med. Naegeli-Osjord, ehrenamtlicher Präsident der Schweizer Gesellschaft für Parapsychologie, bringt Licht in ein noch unbekanntes Gebiet der menschlichen Psyche. Er analysiert das Wesen der Besessenheit anhand zahlreicher überlieferter und selbsterlebter Fakten, wobei er die Beziehung zwischen Besessenheit und Geisteskrankheit besonders berücksichtigt. Eindrucksvoll ist auch die Darstellung der positiven Besessenheit, die bei Geistheilern, vor allem in England und auf den Philippinen, auftritt.

256 Seiten, Ln. DM 42,–
ISBN 3-87667-065-9

EVA HERRMANN

VON DRÜBEN II

Weitere Mitteilungen und Gespräche

Das medial empfangene postmortem Nachwort von Thomas Mann bildet den Abschluß des ersten Bandes. Daran anknüpfend berichten im zweiten Band bedeutende Persönlichkeiten wie Jung, Freud, Huxley, Werfel, Churchill u.a. über ihre Erlebnisse im Jenseits und bewerten ihr Verhalten während des irdischen Lebens aus ihrem jetzigen Bewußtseinszustand. Das Buch enthält wichtige Eindrücke über die seelischen Erfahrungen, die fast jeder Neuankömmling in der geistigen Welt durchzumachen hat, bevor ihm ein Aufstieg in höhere Sphären gewährt wird.

248 Seiten, Ln. DM 32,–
ISBN 3-87667-053-5

GERDA JOHST

DAS UNGESCHLIFFENE JUWEL

Gerda Johst steht dem Durchbruch einer medialen Begabung zunächst fassungslos gegenüber. Doch schließlich gibt sie in spielerischer Unbefangenheit der Führung ihrer Hand nach und stößt damit ein Fenster auf zur jenseitigen Welt. Wir erfahren von geheimnisvollen Mächten und Gewalten mit Namen rätselhaften Ursprungs, von der hierarchischen Ordnung, von den Göttern der Antike und von liebevoll uns umsorgenden Schutzengeln.

272 Seiten, Ln. DM 32,–
ISBN 3-87667-064-0
Taschenbuchausgabe DM 14,80
ISBN 3-87667-121-3
Gelesen von Gerda Johst
6 Cassetten à 90 Min. DM 61,50

DR. MED. JOSEF GEMASSMER

GEISTIGE HEILWEISEN

Heilung durch Geisteskraft

Der Arzt Dr. med Gemassmer weist nach, daß hinter den physiologischen Vorgängen unseres Körpers ganz bestimmte geistige Prinzipien stehen. Er führt den Leser Schritt für Schritt zu einem neuen umfassenden Bild vom Menschen und dessen Beziehung zu den ordnenden Prinzipien des Kosmos. Dabei gibt er Hinweise, wie man die Einheit mit der inneren Mitte wiederherstellen kann und so die Grundlage für eine dauerhafte Gesundheit schafft.

192 Seiten, kart. DM 16,80
ISBN 3-87667-092-6

DR. MED. THEODOR TANNER

RUND UM DAS KOSMOTON

Die wahre Heilkunde nach Paracelsus

Das Kosmoton, dessen Wirkungsweise auf den Erkenntnissen von Paracelsus und Kepler beruht, stellt im Menschen das harmonische Ineinanderwirken der lebensfördernden Kräfte wieder her. Der Autor, Dr. med. Tanner, erklärt ausführlich die individuellen Anwendungsmöglichkeiten des Kosmotons und für jeden nachvollziehbar die Lehre von der wahren Heilkunde des Paracelsus. Mit diesen naturwissenschaftlichen Grundlagen ist jeder in der Lage, sein eigenes ganzheitliches Gesundheitsprogramm aufzustellen.

180 Seiten, kart. DM 18,–
ISBN 3-87667-181-7

BEJAHUNG DES LEBENS

»LEBEN IM LICHT«

111 Hilfen zu
sinnerfüllter Lebensführung

von

K. O. Schmidt

REICHL VERLAG
DER LEUCHTER
ST. GOAR

Umschlag: Ion Lázeanu, Worpswede

1.–4. Tsd.

∞

Gesamtherstellung: Clausen & Bosse, Leck

ISBN 3-87667-175-2

ZUM GELEIT!

Der Mensch von heute ist ein Wesen, das immer bedürftig und voller Sorgen, stets auf der Jagd nach Glück und Erfolg, aber nie zufrieden und selten wirklich glücklich ist.

Warum? Weil er von allem etwas weiß, von sich selbst aber fast nichts: er ist da, wird gelebt und stirbt dahin, ohne an ein Ziel zu kommen . . . Kleine Ziele zwar hat er genug, bewußte Lebenszielsetzung aber ist ihm fremd.

Er weiß nicht, wer er ist, woher er kam, wozu er lebt und wohin sein Weg geht. Und da ihm der Sinn des Daseins weithin unbewußt ist, erscheint ihm eine sinnerfüllte Lebensführung als unerreichbares Ideal. Zudem kann man ja, wie die Pflanzen und Tiere zeigen, auch ohne das leben . . .

Zuweilen jedoch fühlt er, daß er als geistbegabtes Wesen nicht auf der Stufe bloßen Dahinvegetierens stehen bleiben und sich vom Lebensstrom treiben lassen, sondern in ihm seinen *eigenen Weg* erkennen und verfolgen sollte.

Schon ein wenig Selbstbesinnung läßt ihn spüren, daß er der Selbstgestalter seines Lebens sein könnte, daß das Leben das ist, was der Mensch daraus *macht*, daß allerdings die meisten herzlich wenig, einzelne aber sehr viel daraus machen, daß es sich also lohnt, *weiser zu leben.*

Weiser lebt, wer einsieht, daß der Sinn seines Daseins *in ihm* liegt, daß die Sinnerfüllung des Lebens folglich mit der Selbstbesinnung und Selbsterkenntnis beginnt und daß er auf dem Wege bewußten Selbstseins zu wachsender *Freiheit* gelangt: zum Freisein nicht nur *von* Hemmungen und Hindernissen, sondern *zu* allem Höheren, das er in sich angelegt fühlt — zu schöpferischer Selbstverwirklichung und Selbstvollendung.

Auf diesem Wege vom gedankenlosen Dahinleben im Alltag zu sinnerfüllter Lebensführung — den jeder Mensch mit Erfolg gehen kann — will dieses Lebensbuch hilfreiche Anregungen vermitteln, *wie* man bisher unbeachtete Quellen der Kraft, der Fülle und des Lebensglücks zum Fließen bringt, besser mit sich und dem Leben zurechtkommt, besinnlicher und weiser lebt und alle Möglichkeiten der Daseinsmeisterung und Schicksalsharmonie ausschöpft, kurz: *wie man bewußter als bisher aus dem Geiste lebt, in Harmonie mit dem Geist des Lebens* — und so das Dichterwort wahrmacht:

„Groß ist des Menschen Macht, herrlich sein Lebenskreis,
Wenn er nur beides stets recht zu gebrauchen weiß."

Besinnlicher leben heißt aus größerer Wesenstiefe leben, wie ein Schiff mit großem Tiefgang weniger von den Wogen des Daseinsmeeres hin- und hergerissen werden. Es heißt *im Licht leben* — gelassener, zufriedener und geborgener.

Und warum ist es uns jederzeit möglich, unser Leben und unsere Umwelt neu zu gestalten und im Licht zu leben? Weil alles im Leben *geistgeboren*, alles Außen zuerst *innen* ist, weil Leben und Umwelt Spiegelbilder unserer Innenwelt, unseres Bewußtseins sind. Das heißt:

Ob die Umstände sich uns freundlich oder feindlich zeigen, ob die Wesen und Dinge um uns *Beistand* oder *Widerstand* leisten, hängt von unserem *inneren Stand*, unserer Einstellung ab.

Alle Lebensbedingungen sind letztlich von innen her bedingt und gestaltet, und zwar gemäß dem ersten Grundgesetz aller Lebenskunst und Lebensweisheit, das es zur Richtschnur unseres Denkens, Verhaltens und Tuns zu erheben gilt, wenn wir uns ein neues Leben sichern wollen. Dieses Grundgesetz lautet:

„Wie Dein Bewußtsein, so ist Dein Leben. Wie Deine innere Haltung, so sind Deine äußeren Verhältnisse. Alle Bewußtseinszustände kristallisieren sich zu Lebensumständen.“

Um unleidliche Umstände zu ändern, müssen wir folglich zuerst unsere Vorstellungen, unsere Einstellung ändern, also dem zweiten Grundgesetz der Lebenskunst folgen:

„Die Umstellung der Einstellung führt zur Herstellung entsprechender Zustände und Umstände.“

Das bedeutet praktisch: solange wir Übel und Widrigkeiten mit Groll, Abwehr und Widerstand beantworten, machen wir sie unerträglicher und unüberwindlicher. Hingegen bringen wir sie durch innere Umschaltung vom Widerstreben zum Nichtwiderstehen und gelassenes Bejahen und Tun des Guten zum Weichen.

Sowie wir *in uns* mit der Umstellung beginnen, stellen sich die Umstände mit um, wandelt sich Wehestand in Wohlstand. Sowie unser Bewußtsein sich auflichtet, unser Denken nach oben gerichtet ist, erneuert sich unser Leben und wird lichter und leichter.

Dazu werden hier 111 bewährte Anregungen und Anleitungen gegeben. Wer aus der Erkenntnis, daß Urbild und Schalthebel aller äußeren Umstände in seinem Bewußtsein liegt, die Folgerungen zieht und diese Wahrheit nicht nur bejaht, sondern nach ihr lebt und handelt, der steht bereits mitten im Aufbau und Aufgang neuen Lebens.

1 RICHTIG DENKEN LERNEN!

Auf alle möglichen Ursachen führt der Mensch seine guten und schlechten Erlebnisse und Geschicke zurück – nur nicht auf sich selbst und sein *Denken.* Und doch ist hier der Einsatzpunkt, von dem aus er das Gesicht seines Schicksals bestimmt.

An sich, sagt Hamlet, „ist nichts gut oder böse; erst das *Denken* macht es dazu." Denken ist Schicksal. Denn *denken* heißt *bewegen:* mit jedem Gedanken, dem wir in uns Raum geben, lösen wir seelische Strömungen und Schicksals-Schaltungen aus, die auf die Verwirklichung des Gedachten hinzielen.

Gewiß ist der Gedanke frei – aber er hat seine Folgen, oft größere als unser Tun. Er ist die geistige Vorwegnahme dessen, was, durch ihn heraufbeschworen, als Wirklichkeit zu uns zurückkehrt.

„Was ich befürchtet habe, ist über mich gekommen", könnte mancher mit Hiob klagen, weil sein ständiges Denken an Übel und Gefahren ihn mit unwiderstehlicher Macht dorthin zog, wie andererseits der Gedanke des Mutes das Bejahte herbeizieht.

Wenn wir vor einer Besprechung dem Gesprächspartner Gedanken der Furcht oder Abneigung zustrahlen, geht die Begegung für uns nachteilig aus. Senden wir ihm hingegen Gedanken der Sympathie und des Vertrauens zu, wird der Kontakt sich segenbringend auswirken.

Warum das so ist, hat Heinrich *Heine* erkannt: „Der Gedanke, den wir gedacht, ist eine Seele, die uns keine Ruhe läßt, bis wir ihr den Leib gegeben, sie bis zur sinnlichen Erscheinung gefördert haben. Der Gedanke will

Tat, das Wort will Fleisch werden ... Der Gedanke ist die unsichtbare Natur, die Natur der sichtbare Gedanke."

Im Wort „*Vorstellung*" kommt diese Einsicht zum Ausdruck: was wir uns im Geiste vorstellen, das stellen wir als Schicksal vor uns hin.

Als wir den Gedanken in die Welt setzten, waren wir der Stärkere; hinterher aber erweist sich oft die verwirklichte Vorstellung als stärker. Der Gedanke, den wir auf die Reise schickten und mit entsprechender Verwirklichungskraft ausrüsteten, wuchs, reifte und realisierte sich — und dann wundern wir uns, wenn wir später dem von ihm ausgelösten Schicksal begegnen ...

Der Satz des Philosophen: „Ich denke, also bin ich" ist in seiner Abwandlung ebenso richtig: *Wie ich denke, so bin ich.* Das meint das Dhammapadam: „Dem bösen Gedanken, den Du hegst, folgt die schmerzliche Wirkung, wie das Rad dem Fuß des Ochsen, der den Wagen zieht. Dem guten Gedanken, den Du hegst, folgt Beglückung, wie dem Wanderer der Schatten." Was Du heute bist, ist Ergebnis dessen, was Du bisher vorwiegend dachtest.

Wer wünscht, daß seine Zukunft erfreulicher sei als die Gegenwart, muß folglich lernen, durch rechtes Denken den sicheren Grund zu lichterem Leben zu legen.

2 AUF DEN ANFANG ACHTEN!

Bei allem, was wir uns vornehmen und unternehmen, ist der Anfang nicht nur, wie das Sprichwort sagt, die Hälfte des Ganzen, sondern die Vorwegnahme des Ausgangs. Darum ist, wie Nietzsche erkannte, „nichts kostspieliger als der Anfang". Denn eben weil die meisten nicht auf den Anfang achten, gibt es so viele Mißgriffe und Mißgeschicke, Fehltritte und Fehlschläge, Unfälle und Unglücke im Menschenleben.

Paradox und überspitzt ausgedrückt, sind *Anfänger* in der Lebenskunst jene, die *nicht* auf die Anfänge achten, während *Lebensmeister* jene sind, die mit dem rechten Anfang bewußt den guten Ausgang vorausbestimmen.

Am Anfang jedes Dinges und jeder Tat steht ein *Gedanke.* Dieses Buch, das Sie lesen, existierte nicht, wäre nicht zuvor ein Gedanke, ein Plan gewesen. Das Haus, in dem wir wohnen, der Tisch, an dem wir sitzen, war zuerst ein Gedanke. Die Arbeit, die wir heute tun, hat wie alles, was in unserem Leben geschieht, bestimmte Gedanken zum Ursprung. *Alles Gewordene ist gedankengeboren.*

Ist unser Leben nicht so, wie wir's wünschen, dann haben wir nicht auf die Anfänge geachtet, nicht die rechten Gedanken gesät. Zum Glück läßt sich das jederzeit ändern, indem wir von nun an durch positives, das Gute bejahendes Denken für einen guten Anfang und Ausgang sorgen. Dann nimmt die Zahl der unerfreulichen Erfahrungen ab und die der guten ständig zu.

Das heißt nicht, daß wir uns nun ängstlich belauern, etwa im Sinne von Ovid's Mahnwort: principiis obsta! Wehret den Anfängen!, sondern es bedeutet, daß wir uns an rechtes, zielbewußtes, glückbejahendes Denken gewöhnen und so schon den Anfang, den ersten Gedanken, der einem Plan oder Tun vorausgeht, mit der Kraft des Gelingens laden.

Alles im Weltall besteht aus Schwingungen, wobei die feinsten Schwingungen — die der Gedanken — die stärksten Wirkungen ausüben. Wir können deren Schwingungskraft sogar noch erhöhen und so positiv richten, daß sie ständig Kettenreaktionen günstiger Wirkungen auslösen, die uns ans bejahte Ziel tragen. Wir können alles, was wir vorhaben, mit dem Geist des Erfolges erfüllen, wenn wir das gleich am *Anfang* tun, beim ersten Gedanken.

Wir bringen dann das *Gesetz der geistigen Resonanz* zum Wirken und regen alle Dinge, Wesen und Umstände im Sinne unseres am Anfang stehenden positiven Gedankens zum Mitklingen und Mitschwingen, Mitgehen und Mithelfen an.

Vom Geiste her kann, eben weil alle Materie aus Schwingungen besteht, alles zu positivem Mitschwingen gebracht, bewußt dynamisiert und so in Glückshelfer und Glücksmehrer umgewandelt werden.

Dann wandelt das Sprichwort „Ein Anfänger ist kein Meister" sein Gesicht und wir erkennen: *Weise anfangen führt zur Meisterschaft!*

3 EIN LEBENSZIEL HABEN!

Wenn so vieler Leben einer Fahrt ins Blaue gleicht und im Grunde unbefriedigend, weil ohne Vollendung bleibt, so deshalb, weil ihrem Wollen und Wirken die durchgehende Zielrichtung fehlt: die zugrundeliegende *Lebenszielsetzung*, die alle Nah- und Fernziele umschließt.

Da das Ziel den Weg bestimmt, können wir nur dann stetig voranschreiten und Dauererfolge erwarten, wenn wir unserem Leben ein höchstes Ziel gesetzt haben und diesem Ziel jahraus jahrein mit zäher Beharrlichkeit und unbeirrbarem Siegglauben zustreben.

Wo einer hingegen immer nur das will und verfolgt, was ihm gerade vor Augen liegt, heute dies, morgen jenes, da ist der Lebenslauf weder gradlinig noch sinnerfüllt, sodern folgt einem Zickzackkurs, der im Endergebnis eher abwärts als aufwärts führt.

„Mit jedem Hauch entflieht ein Teil des Lebens, drum suche früh ein würdig Ziel des Strebens“, mahnt der Dichter, und der Weise folgt ihm. „Am Ende sieht's ein Tor, ein Klüg'rer in der Mitte, und nur der Weise sieht das Ziel beim ersten Schritte.“ Als erstes sorgt er für Klarheit über sich selbst und sein Wollen, seine Neigungen und Eignungen, und setzt sich alsdann ein Lebensziel, das seinem innersten Verlangen und Vermögen entspricht und es ihm ermöglicht, das zu schaffen, wofür er geschaffen ist. So gelangt er zur Lebensmeisterung.

Wenn wir schon unsere Ferienreise mit einer Planung beginnen, wieviel mehr sollte dies bei unserer Lebensreise geschehen. Ein höchstes Ziel, das uns ständig mit Begeisterung erfüllt, macht unsere Lebensreise erst genußreich und gewinnbringend und läßt uns in ständigem inneren und äußeren Wachstum unserem Ziele fortschreitender Selbstverwirklichung und Sinnerfüllung unseres Lebens näher kommen.

Steht unser *Lebensziel* fest, dann ergeben sich daraus von selbst die Nahziele, die Jahres- und Tageszielsetzungen. Und dann wird jeder Tag ein guter Tag und jeder Rückblick zu einer beglückenden Rechenschaft über schon gemeisterte Stufen und zum Aufblick zu jenen, die weiterhin zur Höhe führen.

Mit Recht mahnt Morgenstern: „Wer vom Ziel nicht weiß, kann den Weg nicht haben, wird im selben Kreis all sein Leben traben, kommt am Ende hin, wo er hergerückt, hat der Menge Sinn nur noch mehr zerstückt."

Wer hingegen um sein Lebensziel weiß, weder nach links noch nach rechts blickt und sich, wie Paulus rät, „von niemandem das Ziel verrücken läßt", der findet mit zunehmender Sicherheit die kürzesten Wege zu den Teilzielen, rückt dort, wo die Ziellosen verzagen und versagen, seinen höchsten Lebenszielen näher und gelangt nicht nur zu Teilerfolgen, sondern macht sich selbst und sein Leben als Ganzes zu einem Erfolg.

4 DIE RECHTE RICHTUNG EINSCHLAGEN!

Ein angeheiterter Student geriet auf seinem Zickzackwege an eine Anschlagsäule, tastete sich ängstlich um sie herum, fühlte dabei überall nur die Betonwand der Säule und schrie plötzlich, mit beiden Fäusten auf die Wand einschlagend, laut um Beistand: „Hilfe, ich bin eingesperrt!"

Wir lächeln über die Dummheit des Betrunkenen, der durch die Wand will und nicht kann und darum verzweifelt, statt sich umzudrehen und die rechte Richtung einzuschlagen. Doch handeln viele von uns in ihrem Leben nicht ähnlich? Sie verkrampfen sich in ein Problem, verbeißen sich in einen Widerstand, wollen mit dem Kopf durch die Wand – wobei der Kopf zweiter Sieger bleibt –, statt sich zu besinnen, sich umzuwenden und es in einer anderen Richtung zu versuchen ...

Schon die Einsicht, daß es in jeder Lage mindestens *zwei* Möglichkeiten gibt, sollte ihren durch das Hindernis hypnotisch gefesselten Blick für andere Wege frei machen.

Statt zu klagen :„Warum habe *ich* es so schwer?“ und zu verzagen: „Es ist alles umsonst!“, sollten sie innehalten und erkennen, daß sie sich offenbar in der falschen Richtung bemühten, da ihnen sonst das Leben, das ja ihren Fortschritt will, helfen würde. Auftauchende Widerstände sind oft Anzeiger von Fehlrichtungen, Warntafeln des Schicksals, nicht die falsche, sondern die rechte, wesensgemäße Lebensrichtung einzuschlagen.

Und wie finden wir die rechte Richtung? Dadurch, daß wir innehalten, still werden, uns entspannen, uns schweigend einwärts wenden, nach innen horchen und dem inneren Richtungsweiser zu gehorchen suchen. Der einzig zuverlässige Kompaß für unsere Lebensrichtung, der ‚Instinkt für das Rechte‘, ist *in uns*, und wer ihm folgt, entdeckt bald, wie die Schwierigkeiten weichen und die Förderungen zunehmen.

Je öfter wir uns in Augenblicken des Ungewißseins dem Schweigen des Innern hingeben, den inneren Richtungweiser befragen und uns von innen her leiten lassen, desto leichter gelingt uns die Besinnung auf das Wesentliche, die Klärung unserer Probleme, die rechte Einstimmung in unsere ureigene Lebensrichtung. Wir spüren dann bald immer deutlicher die innere Führung, und im gleichen Maße wird unser Lebensweg — als Zeichen wachsender Übereinstimmung von Innen und Außen — lichter und leichter.

Und je bewußter wir unserer eigenen Lebensrichtung folgen — die für jeden eine andere ist —, desto glücklicher und zufriedener werden wir. Schließlich werden wir so feinfühlig, daß wir bei jedem Widerstand spüren, wo und wieweit wir von unserem Wege abgekommen sind und was zu tun ist, um der Bahn zur Vollendung zu folgen, die allein unserem Wesen und unserer Berufung gemäß ist.

5 DEN AUFSTIEG PLANEN UND ORDNEN!

„Alles im Menschen ist Organisation", sagt Wilhelm von Humboldt, „und was in ihm gedeihen soll, muß in ihm gesät werden." Gleiches gilt vom *Leben:* wer sein Schicksal meistern will, muß wie ein Architekt handeln und den Lebensbau weise planen und organisieren:

Der Architekt plant ein Haus von bestimmter Größe und Beschaffenheit an einem bestimmten Platz, entwirft und berechnet Zahl und Größe der Räume, Art und Menge der Baumaterialien, durchdenkt und ordnet alle zu leistenden Arbeiten, gestaltet alle Etappen von Aushub bis zum fertigen Bau im Geiste und auf dem Zeichenbrett voraus und sorgt dafür, daß das Erdachte und Geplante zu sichtbarer Wirklichkeit wird.

Auf gleiche Weise muß, wer etwas erreichen will, seinen Aufstieg planen und ordnen:

Er muß als erstes wissen, *was* er will, also nicht nur allgemein Wohlfahrt und Wohlstand wünschen, sondern ein klar umrissenes *Ziel* setzen und dann den *Weg* dorthin, am besten schriftlich, in den einzelnen Etappen und mit allen der Zielerreichung dienlichen Einzelheiten und Daten, Mitteln und Möglichkeiten planen.

Dabei prüft er zugleich, ob alle aus dem Gesamtplan

sich ergebenden Einzelpläne positiv und realisierbar sind, um schließlich zur endgültigen Festlegung des günstigsten Zielweges und all dessen zu schreiten, was zur Bewältigung dieses Weges und zur Überwindung möglicher Hindernisse erforderlich ist. Ohne solche Planung keine zielsichere Meisterung der einzelnen Etappen und Aufgaben.

Aus der Gesamtplanung des Zielweges ergeben sich die Einzelaufgaben und das *Wie* und *Wann,* also Art und Reihenfolge ihrer Lösung. So erwächst aus dem Arbeitsplan der *Zeitplan,* der neben der rechten Reihenfolge auch die günstigsten Zeiten und Umstände berücksichtigt. Bei der Detailplanung geht die Unterteilung von selbst weiter, bis, wie bei einem Bauplan, alle Einzelheiten ihren Platz in der Reihenfolge und Terminsetzung eingenommen haben.

Bei größeren Vorhaben ergibt sich von selbst eine Teilung nach Jahres-, Monats- oder Tagesplänen, wobei die einzelnen Tageszielsetzungen, die jeweils am Abend vorher festgelegt werden, sinnvoll und organisch in den übrigen Tagesablauf eingebaut werden.

Wer so, vom Großen zum Kleinen weiterschreitend, den Weg der Planung und Ordnung geht, vermeidet Umwege und Fehldispositionen und löst zugleich durch die Zielkonzentration und Bejahung der Zielerreichung die Kräfte aus, die ihm helfen, den solchermaßen wohl vorbereiteten Enderfolg mit Sicherheit zu erreichen.

6 VOM KLEINEN ZUM GROSSEN FORTSCHREITEN!

Wer, mit sich selber und dem Leben unzufrieden, darüber klagt, sein bisheriges Dasein sei ein ermüdender Kampf gegen die kleinen Dinge, der es ihm unmöglich mache, je Großes zu erreichen, könnte diesen Übelstand von Grund auf ändern, wenn er sich besänne, daß der ersehnte Erfolg zwar nichts Kleines ist, aber mit Kleinigkeiten anfängt.

Eben weil es, wie ein französisches Sprichwort sagt, „die kleinen Rinnsale und Bäche sind, die den großen Strom bilden", gilt es, auch das Kleinste zu bejahen und von ihm und mit ihm zum Größeren weiterzuschreiten.

Man kann nicht jeden Tag große Taten vollbringen. Wohl aber kann man sich täglich im Kleinen bewähren und so unmerklich wachsen. Wer die kleinen Aufgaben des Alltags nicht meistert, wird sich nie im Großen bewähren. Nur wer auch im Kleinen *er selbst* und sich selber treu bleibt, wird auch bei großen Aufgaben nicht versagen.

Hier gilt der Rat, den *Chesterfield* seinem Sohn mit auf den Lebensweg gab: „Achte stets auch auf die kleinen Dinge, um an ihnen zu wachsen. Ich habe viele bedeutende Leute mit großen Gaben scheitern sehen, weil es ihnen hieran fehlte, während andere, die diese Tugend besaßen, wohlgelitten und erfolgreich waren, obwohl ihnen große Gaben fehlten."

Das heißt nicht, daß wir uns von den kleinen Dingen beunruhigen und jagen lassen, sondern daß wir sie mit der gleichen Bejahung, Geduld und Liebe meistern wie die großen.

Und es heißt auch nicht, daß wir die Wesen, die unter uns stehen, Menschen wie Tiere, geringschätzen und mißachten oder nur deshalb auf sie Rücksicht nehmen, weil sie uns vielleicht einmal nützen könnten, sondern es heißt der tieferen Wahrheit und Weisheit folgen, daß, was wir dem geringsten unter unseren Mitgeschöpfen erweisen, wir dem Größten — Gott — tun.

Es gilt die Erkenntnis, daß alles relativ ist: jedes Ding und Wesen ist so klein oder groß, wie wir es sehen. Wer das Kleine groß sieht, macht es groß und bewirkt zugleich, daß er die großen Dinge leichter meistert. Das meint Vauvenargues' Wort: „Große Menschen sind es auch in kleinen Dingen", und die Maxime der Weisen: „Alles Kleinste ist uns wichtig, das der Schönheit sich vermählt; alles Große ist uns nichtig, dem der Kern des Ewigen fehlt."

Weil dem Großen alles groß und bedeutsam ist, wandelt er alles in Mittel zum Wachstum und zur Meisterschaft. Auch das Kleinste ehrt er als Träger des Ewigen, als Brücke zum Einssein mit dem Geist, der das Universum umspannt und regiert, und als Gelegenheit zum Erweis der Wahrheit, daß wahre Größe nur in der *Liebe* ist, die nicht durch Herrschen, sondern durch Dienen siegt und wächst und ewigen Fortschritt verbürgt.

7 MIT WACHER SEELE LEBEN!

Vieler Menschen Dasein gleicht einem fast ununterbrochenen Seelenschlaf, von dessen wirren Träumen erst der Tod sie befreit. Dennoch kann jeder lernen, mit wacher Seele bewußt zu leben, sowie er damit beginnt, das Leben als *Schule* zu werten, durch die der Geist des Lebens uns, seine Kinder, erzieht und aus der Sinnenblindheit und Stoffgebundenheit zur Selbsterwachtheit und Freiheit emporzieht.

Jakob *Burckhardt* sagt in seinen Weltgeschichtlichen Betrachtungen vom menschlichen Geiste, daß, „wenn er einmal seiner selbst bewußt geworden ist, er von sich aus seine Welt weiterbildet." Er beginnt dann, an den sichtbaren Dingen und Geschehnissen die Gesetze der unsichtbaren Welt abzulesen, das Buch des Lebens zu entziffern, den verborgenen Sinn zu erkennen und die Schöpferkraft zu betätigen, die ihm zur Selbstvollendung und Schicksalsmeisterung verliehen ward.

Seelisch wach und seiner selbst bewußt geworden, erkennt er, daß seine scheinbare Unzulänglichkeit kein Gegensatz zur geahnten Vollkommenheit ist, sondern Vollkommenheit, die erst zu einem kleinen Teil in Erscheinung trat, daß seine Vergänglichkeit kein Schatten göttlicher Unvergänglichkeit ist, sondern Unvergänglichkeit, die sich in ihm einstweilen noch begrenzt offenbart, im Grunde aber schon jetzt sein eigen ist.

In dieser Sicht erweist sich ihm alles äußere Gewirk als Entsprechung innerer Wirklichkeiten, jede Daseinswende als Echo geistiger Wandlungen und Mächte, die seiner Reifung und Vollendung dienen wollen.

Seine wache Seele wird mehr und mehr bereit, die im Alltagsgeschehen verborgenen Botschaften aus den Reichen des Lichts zu empfangen, dunkle Stunden als Künder eines lichteren Morgens zu segnen und auch aus trübsten Quellen *Einsichten* zu schöpfen, die *seine Sicht auf das Eine lenken,* das allem zugrundeliegt: die Harmonie und Weisheit des göttlichen Willens.

Im Grunde meint der Sufi nichts anderes, wenn er uns mahnt: „Wende dem *Geiste* dich zu und sorge für deine Veredlung; denn durch den Geist bist du, nicht durch den Körper, ein Mensch."

Wer sich mit wacher Seele dem Geiste zuwendet und aus dem Geiste zu leben lernt, der erfährt, daß der *Geist* es ist, der die Materie bewegt, den Körper baut, erhält und heilt, Gedanken in Wirklichkeiten verwandelt und Schicksal schafft.

Er gewahrt, daß alles, was ihn trifft, Stand und Grad seiner Trefflichkeit enthüllen und seinem wie seiner Mitgeschöpfe inneren Wachstum dienen will. Und er lernt immer mehr, in Ehrfurcht vor allem Leben, in dem er Gott am Werke sieht, Leid durch Liebe zu lösen und anderen wie sich selbst zu helfen, über Not und Mangel hinweg zur Vollkommenheit emporzusteigen.

8 TIEFER SEHEN!

Wann immer wir etwas erleben oder wahrnehmen, das uns mißfällt, unseren Ordnungs- oder Gerechtigkeitssinn empört, sollten wir von der Oberfläche der Dinge und Geschehnisse weg- und in die *Tiefe* blicken, den bedingenden Ursachen nachspüren, um den Sinn und die verborgene Ordnung zu erkennen. Wir werden dann weiser, besinnlicher, gerechter denken und besonnener und gelassener handeln.

Die meisten Menschen lassen sich den Blick durch die vordergründige Vielfalt unerfreulicher Dinge und Umstände trüben. Sie sehen dann die Welt in einem Zwielicht, in dem sie zielblind umherirren.

Die wenigen hingegen, die tiefer sehen, erkennen unter der Oberfläche die positiven Werte, Wahrheiten und wirkenden Kräfte der Tiefe und lernen, diese beachtend, das Leben zu meistern.

„In die Tiefe mußt Du steigen, soll sich Dir das Wesen zeigen", rät Schiller, und Goethe beantwortet die Frage nach dem *Wie:* „Mißgunst und Haß beschränken den Beobachter auf die Oberfläche, selbst wenn Scharfsinn sich zu ihnen gesellt. Verschwistert sich dieser hingegen mit Wohlwollen und *Liebe,* so durchdringt er die Welt und den Menschen, ja, er kann hoffen, zum Allerhöchsten zu gelangen."

Wer nur die Oberfläche sieht, gleicht einem, der auf ein einzelnes Filmbild starrt und sich über das ihm Unverständliche wundert, während der tiefer Blickende den ganzen Film übersieht und den Sinn gewahrt. Er vergleicht das Lebensgeschehen den Vorgängen auf einer Bühne, auf der jeder Mitspieler seine Rolle kennt, ganz in ihr aufgeht und leicht vergißt, daß er nicht nur Schauspieler, sondern auch noch *er selbst* ist.

Der tiefer Sehende blickt weniger auf die *Rolle,* die der Einzelne gerade spielt, sondern auf den *Spieler selbst,* nicht auf seine Persönlichkeit, die ja — ‚persona' heißt wörtlich ‚Maske' — nur Hülle und Verhüllung ist, sondern auf den Kern, die Individualität, den wesentlichen, tiefgründenden *inneren Menschen,* der oft ein ganz anderer ist, als die Rolle vermuten läßt, die er spielt . . .

Wer tiefer blickt, erkennt auch in *sich selbst* hinter der Maske der Persönlichkeit den ewigen inneren Menschen, der allem äußeren Spiel und Geschehen überlegen und seines Schicksals Gestalter ist. Er läßt sich nicht vom *äußeren Schein* täuschen, vom vordergründigen Spiel des Lebens und seinen Erregungen blenden und mitreißen, sondern blickt auf das *innere Sein,* das immer licht, positiv, weisheitsvoll, immer Ausdruck höherer Ordnungen und Kräfte ist.

So erkennt er hinter den anscheinenden Ungerechtigkeiten der Oberfläche die verborgene Gerechtigkeit, hinter der äußeren Unordnung die schöpferische innere Ordnung, hinter dem unvollkommenen äußeren Menschenbild den Ewigkeitsfunken, also das, was er tief innen mit allen anderen gemeinsam hat.

Diese Einsicht versöhnt, macht duldsamer und gütiger, gelassener und – glücklicher.

9 SICH SELBST ERKENNEN!

Als *Schopenhauer* während seines Dresdner Aufenthalts im Botanischen Garten lange in die Betrachtung der Pflanzen versunken saß, fragte ihn ein neugieriger Aufseher, wer er sei. Der Philosoph beantwortete diese Frage mit der humorvollen Bemerkung: „Wenn *Sie* mir sagen könnten, wer ich bin, wäre ich Ihnen dankbar."

Der Aufseher wird kaum verstanden haben, was Schopenhauer meinte und was gleich ihm *Goethe* als die Ursache des unzulänglichen Lebens der meisten beklagte: „Ihrer viele wissen viel, doch von Weisheit sind sie weit entfernt. Andere Leute sind ihnen ein Spiel, nur sich selbst hat niemand ausgelernt."

Eben dieser Mangel an *Selbst-Erkenntnis* ist nach Goethe schuld, „daß man sich mehr dünkt, als man ist, und sich weniger schätzt, als man wert ist." Die meisten sehen weder ihre abstellbaren Mängel noch ihre entfaltbaren Kräfte und Vorzüge. So gleicht jeder einem Acker, in dem ein Schatz verborgen ist, von dem er nichts weiß, weil er zumeist nach außen und selten nach innen blickt. Darum findet er den ruhenden Pol in der Erscheinungen Flucht nicht dort, wo er allein gefunden werden kann: *in sich.*

Um das Leben recht zu meistern, muß man es kennen. Dazu wiederum muß man zuerst sich selbst kennen. Alle großen Könner und Lebensweisen nennen die Selbsterkenntnis den Schlüssel zur Welterkenntnis und Schicksalsbestimmung. Wer das übersieht, bleibt Herdenmensch — also jener ‚Jedermann', von dem es heißt: „So lebt und stirbt er allbekannt und kennt sich selber nicht."

Alle Lebenskunst beginnt mit dem bohrenden Fragen: „*Wer bin ich,* wenn ich ‚ich bin' sage?" Mit seiner Beantwortung finden auch die weiteren Fragen ihre Lösung: Wozu bin ich da, wozu berufen und geeignet? Was kann ich? Wie kann ich mich selbst verwirklichen?

Wer bin ich? Was ich äußerlich an mir sehe und als Ausdruck meines Wesens wahrnehme, ist nur mein *Ich,* meine Persönlichkeit — das heißt: die immerfort sich wandelnde Maske meines wirklichen inneren Wesens, das in der Kindheit wie im Alter, in gesunden wie in kranken Tagen unverändert das selbe bleibt und Körper, Sinne und Bewußtsein nur als Werkzeug und Mittel der Selbstoffenbarung benützt.

Dieser eigentliche, innere Mensch, Träger schöpferischer Kraft, Ziel- und Sinngeber meines Lebens, ist ein Unsichtbares: das *Selbst.*

Selbst-Erkenntnis bedeutet somit Besinnung auf dieses unsichtbare, geistige, also unmaterielle und darum unvergängliche zentrale Selbst, mit dessen Erkenntnis erst wirkliche Meisterung und Sinnerfüllung des Lebens möglich wird. Vorher ist es bloß *Da-Sein,* wie es auch die Tiere kennen. Danach erst beginnt das geist-bewußte *Sein,* das wirkliche *Menschsein.*

Gut ausgehen kann nur, was recht begonnen wurde. Darum beginnt ein sinnerfülltes Leben mit der Erkenntnis unseres Selbst.

10 ZUM SELBST-SEIN GELANGEN!

Die Forderung *„Erkenne Dich selbst!"*, die über dem Eingang des Apollotempels zu Delphi stand, gilt gemeinhin als Gipfel der Lebenskunst. Und doch ist sie nur Stufe zur höheren Weisheit: *„Sei Du selbst!"*

Wer nur sein *Ich* sieht, ahnt nicht, daß der größte Teil seines Wesens ihm noch unbekannt ist. Solange er nur um sein gierendes Ich weiß, sucht er noch in der Welt Befriedigung seiner Wünsche und Erfüllung seines Verlangens nach dem Mehrsein, und trachtet, wenn die Welt ihm nicht gefällt, sie zu ändern und zu bessern. Zumeist vergeblich, weil er nur eines wirklich wandeln kann: sich selbst.

Was immer in der Welt ihm leidig und unzulänglich erscheint, ist Echo seiner eigenen Unvollkommenheit aus Ich-Gebundenheit, die sein Größer- und Vollendeter-Werden hindert. Das Übel, das beseitigt, der Feind, der überwunden werden muß, das Hindernis, das jeder Selbst- und Welterneuerung entgegensteht, ist das haben und herrschen wollende *Ich.*

Darum der Doppelruf: Erkenne Dich selbst und sei Du selbst! Er meint: Wende Dich statt nach außen nach innen, besinne Dich auf Dich selbst und kehre in Dein *Selbst* zurück, von dem Dein Ich nur der Schatten ist! Erkenne, daß der äußere Mensch, den Du siehst und mit dem Namen ‚Ich' umschreibst, nicht der ganze Mensch ist: nicht der Kern, sondern nur die Hülle, nicht das Wesen, sondern nur seine Maske.

Der größere Teil Deiner selbst ist unsichtbar. Lerne darum, vom äußeren Schein zum inneren Sein, vom Vergänglichen zum Ewigen in Dir, vom Ich zum *Selbst* durchzustoßen.

Solange Du noch wähnst, durch die Aufgabe und Hingabe des Ich alles zu verlieren, herrscht in Dir die Enge und Angst der Ichgebundenheit. Sowie Du jedoch den Schritt vom Ich zum Selbst wagst, entdeckst Du beglückt, daß dieser Schritt Ich-Erweiterung und Selbstbefreiung bedeutet, weil er alle Schranken überspringt und sprengt, die Dich bisher von der Freiheit, Lichtheit und Vollkommenheit des Lebens ausschlossen.

Je weiter das Ich zurücktritt, desto sichtbarer tritt das Selbst hervor. Immer bewußter sagst Du — Deiner Gotteskindschaft und Deiner wirklichen Größe und Bestimmtheit innewerdend —: *Ich bin!* Und immer heller strahlt dann in Dir und aus Dir das Licht des Selbstes, das ein Funke ist des All-Lichts.

Hierin liegt die Gewähr der Vollendung: daß Du über des kleinmenschlichen Iches Grenzen hinauszuschreiten, mit Deinem wahren Selbst eins zu werden und Dich mit ihm zum All-Selbst aufzuschwingen vermagst.

11 ZUR WESENSMITTE FINDEN!

Ein bekannter Humorist hat die Situation des heutigen Menschen treffend gekennzeichnet, als er beschrieb, mit welchem Ergebnis er, von der Hohlheit der üblichen Vergnügungen unbefriedigt, nach Wertbeständigerem suchte: „. . . Da ging ich *in mich,* – aber da war auch nichts los."

Natürlich war da ‚nichts los', weil die Hingabe an die äußere Betriebsamkeit zwangsläufig zum Verlust des Kontakts mit dem lebendigen Mittelpunkt des eigenen Wesens führt: wenn man dann einmal innehält und flüchtig in sich hineinschaut, sieht man sich einem Schweigen gegenüber, das einem nicht nur nichts sagt, sondern das beunruhigt und erschrecken läßt und einen treibt, sich lieber den lärmenden Sensationen der Umwelt zu überlassen als dem Schweigen der Innenwelt.

Nicht mit Unrecht spricht man heute vom *‚Verlust der Mitte':* der Mensch ist weitgehend aus seinem Mittelpunkt herausgerückt und vegetiert, nach außen gewendet, nur noch an der Peripherie seines Wesens und Lebens.

Mit dem Verlust des inneren Gleichgewichts schwand die Ausgeglichenheit und jene Harmonie, die aus der Verbindung mit der Wesensmitte kommt, aus dem Einssein mit sich selbst, mit dem innersten Selbst. Weil der Mensch infolgedessen nicht mehr zur Besinnung auf sich selbst, zum *Selbstsein* kommt, nur nach äußeren Selbstbestätigungen und -bereicherungen sucht, ist er im Grunde friedlos, ohnmächtig und arm.

Seinem Wesensmittelpunkt entrückt, hat er den inneren Halt verloren und schwankt und schlingert nun wie ein Kreisel, der die feste Stellung seiner zentralen Umdrehungsachse nicht mehr halten kann und damit die ihm sonst eigene Stabilisierungskraft verloren hat.

Dieses Bild des schwankenden Kreisels symbolisiert treffend die Situation des heutigen Menschen, der aus der *stabilen,* Frieden und Glück sichernden Grundhaltung und entsprechend gelassenen Bewegung in eine innerlich haltlose, *labile,* rastlos-unstete, ziellos-disharmonische Bewegung geraten ist. Und weil er selbst nicht mehr zur Ruhe, zum Frieden, zur Einheit mit sich selbst und zu wirklichem Lebensglück findet, erschüttert er auch seine Umwelt durch zerstörende Wellen der Ichsucht und Lieblosigkeit, des Neides und Hasses.

Die heutige Weltlage erweist sich so als Seismogramm der infolge der allgemeinen Labilität von jedem Einzelnen ausgehenden Wellen der Unrast und Friedlosigkeit.

Und wie kann dieses aus dem ‚Verlust der Mitte' entspringende Fehlverhalten und der Lebensirrlauf geändert werden? Wie können Friede und Zufriedenheit, Eintracht und Erfolg für alle gesichert werden? Dadurch, daß der Einzelne zu seiner Wesensmitte zurückfindet, zum Selbst, und damit zum *stabilen Gleichgewicht,* zur Harmonie mit sich, mit der Umwelt und mit dem Lebensganzen.

Wer diesen Weg der Stabilisierung seines aus der ‚Mitte' und damit aus den Fugen geratenen inneren und äußeren Lebens geht, hat begründete Aussicht, in meditativer Selbst-Besinnung und schrittweiser Wiederherstellung der inneren Ordnung zu einem neuen, harmonischen und glückreichen Leben aufzusteigen — in immer lebendigerer und bewußterer Partnerschaft mit den schöpferischen Tiefenkräften seiner Wesensmitte.

„Der Mensch lebt aus dem *Geiste,* nicht aus dem Körper. Wer darum weiß und sein Leben nicht in den Körper, sondern in den Geist verlegt, der ist, auch wenn man ihn hinter Eisengittern in Ketten schließt, freier als die Vielen, die ungefesselt durchs Leben zu gehen wähnen."

Tolstoi will mit diesem Wort unseren Blick auf die *Wirklichkeit* richten, damit wir sie als das Positive und Gewisse hinter allem negativen Schein erkennen.

Schon der im Alltag Dahinlebende glaubt an ein höheres lichteres Leben, weil er es irgendwie in sich selber als realisierbar spürt. Was ihm zur Verwirklichung fehlt, ist lediglich der Mut unentwegter Bejahung. Erziehung und Gewöhnung haben ihn verleitet, mehr das Dunkle und Unerfreuliche als das Gute und Lichte zu bejahen. Hundertmal sagt und fühlt er: ‚Es geht mir schlecht, ich schaffe es nicht, ich bin zu schwach, zu unvermögend, verbraucht, krank, alt, ich stehe auf der Schattenseite des Dasein', bevor er *ein*mal die Wahrheit bejaht: ‚Ich schaffe es, ich bin stark, gesund, jung, und alles ist gut, denn ich lebe im Licht!'

Wir haben keinen Grund, je den Mut zu verlieren und aufzugeben; denn in uns ist die Kraft, uns auf die lichte Wirklichkeit zu besinnen, von ihr aus unser Dasein zu erhellen, Widriges in Förderndes zu verwandeln und die Wahrheit des alten Wortes zu demonstrieren: „Die dem Großen in sich folgen, ihrem wahren Selbst, sind groß; die dem kleinen Ich folgen, bleiben kleine Menschen."

Wenn wir, die Wirklichkeit erkennend, unseren

Stand auf der Sonnenseite des Lebens bejahen, machen wir eine beglückende Erfahrung. Nicht nur unser Wesen, auch unsere Umwelt wandelt sich von innen her: sie wird durchscheinender, die Nebelwände der Nichterkenntnis weichen und hinter den Schatten der Dinge und Umstände wird die lichte Wirklichkeit sichtbar. Hinter der durchsichtiger werdenden Schale der Stofflichkeit wird der Kern erkennbar: das Sein und Leben des Geistes.

Wir erheben uns aus dem Traumtrug des Sinnendaseins stufenweise zum Wachsein lichten Lebens aus dem Geiste. Wir gewahren, daß die Dinge und Schickungen gleich den Gestalten und Geschehnissen unserer Träume Gebilde unseres *Denkens* sind, dieser immerfort schaffenden Bildekraft der Seele. Deshalb — und weil hinter allem die innere Führung wirkt — hat alles auf uns Bezug, führt uns alles auf uns selbst zurück, wird Wegweisung zur Wirklichkeit, soweit wir zur Selbst-Erkenntnis finden . . .

. . . In diesem Selbst-Erwachen wird uns bewußt, daß alles in immerwährender *Wandlung* begriffen ist und daß es von der Richtung unseres Denkens und der Stärke unserer Bejahung abhängt, wie weit wir es zum Lichten lenken, durch bewußte Einstellung auf die Wirklichkeit die Umstellung der Umstände bewirken und vollendungsgewiß im Licht zu leben lernen.

13 EIN NEUER MENSCH WERDEN!

Die Welt, in der wir leben, ist eine Welt immerwährenden Wechsels und Wandels, in der nichts Bestand hat — auch nicht der Mensch in seiner äußeren Erscheinung.

Unser Körper gleicht dem Wasserstrahl eines Springbrunnens: der Strahl bleibt sich gleich, seine Bestandteile aber sind immer andere. Ebenso steht unser Körper in einem ständigen Zellenaustausch und hat sich alle sieben Jahre bis zur letzten Zelle erneuert, wobei er sich fortwährend nach dem Bilde auf- und umbaut, das wir uns von ihm machen ... Form und Zustand unseres Körpers sind gedankenbestimmt.

Der *äußere Mensch*, den wir sehen, ist aber nicht der ganze Mensch: hinter dem immerfort sich Wandelnden steht ein Beständiges: der *innere* Mensch, von dem her die Wandlungen des äußeren in die rechten Bahnen gelenkt und in den Dienst wesenhafter Neuwerdung gestellt werden können.

Mit anderen Worten: wir können hier und jetzt damit beginnen, ein *neuer Mensch zu werden*, der statt aus dem Körper aus dem *Geiste* lebt und von dort her Leib und Leben beherrscht. Das ist mehr als eine nur äußerliche Erneuerung, bei der die geistige Haltung die alte bleibt und von der der Dichter mit Recht sagt: „Obschon neu wird die Person, ist doch nichts Neues unter der Sonn', das nicht zuvor schon wär' geschehn. Die Händel bleiben, die Leut' vergehn."

Wirkliche Erneuerung geht nicht von der ‚Person', vom äußeren Menschen aus, sondern vom Wesen, vom *Geiste*, der allein lebendig macht. Mit der bewußten Hinwendung zum Geist, zum innersten Selbst beginnt die Verwandlung in einen neuen Menschen, der, weil von innen her bestimmt, sich als welt- und schicksalsüberlegen erlebt und erweist.

Wer meint, dazu müsse er ein *anderer Mensch* werden, irrt. Er braucht in Wirklichkeit nur *er selbst* zu werden. Das heißt, daß er sich nicht nur vom Vergangenen löst, von allem, was er bisher verfehlt, versäumt, verspielt, verloren hat, sondern auch von allem, was nicht seinem innersten Selbst angehört, vom Mangelhaften, Schwachen, Kranken, Unzulänglichen, Kleinmenschlichen, und daß er lernt, von innen her, aus seinem innersten Selbst, *aus dem Geiste zu leben.*

Mit der Besinnung auf den Geist und die Hingabe an die innere Führung beginnt jene Neuwerdung, die kein Ende hat und ihn aus dem leidvollen Kreislauf bloßen Werdens und Vergehens hineinwachsen läßt in die Geborgenheit des neuen Lebens, das immer höher führt.

Was die Erfüllung der Forderung: Werde, der Du bist! *Sei Du selbst!* an positiven Wandlungen mit sich bringt, bis schließlich der neue, sich selbst, sein Leben und Schicksal bestimmende Geistmensch geboren ist, wird im weiteren sichtbar werden.

14 EIN EIGENER BLEIBEN!

In allen Wäldern der Erde sind nicht zwei Bäume einander gleich, und an einem Baum nicht zwei Blätter. Alles in der Natur strebt nach Entfaltung des eigenen Wesens, das in Struktur und Anlage einmalig ist und sich nie wiederholt.

Nur der *Mensch* vergißt oft sein Eigensein, und statt nach Selbstverwirklichung zu streben, neigt er zum Gleichsein in der *Masse,* die im bloß sinnenhaften Dasein ihr Genüge und Vergnügen findet, sich von kollektiven Meinungen gängeln läßt und weithin Fremdgedanken wiederkäut.

Ein Pessimist meinte, dieses Streben nach Gleichheit habe seinen Grund in einem *negativen Zug* der Mißgunst und des Neides: ‚Niemand soll es besser oder weniger schlecht haben als ich.‘

Doch wer tiefer sieht, erkennt im einzelnen Menschen auch den *positiven Zug*, den Zug nach oben, der ihn drängt, über die Masse, den Durchschnitt, ja über sich selbst hinauszuwachsen und zu höheren Lebensstufen fortzuschreiten. Es ist der Zug zur Freiheit, der ihn Gleichheit als Selbstherabsetzung und Sklaverei empfinden und danach streben läßt, *selbst* zu denken, er selbst zu sein: ein *Eigener*, der seinen eigenen Weg sucht und geht, weil er spürt, daß er nur auf ihm in geistiger Selbständigkeit zu der geahnten Vollendung gelangt.

Wer tiefer sieht, weiß, daß der Mensch als Teil der Masse wohl Glück *haben* kann, aber erst als Eigener ein glücklicher Mensch zu *sein* vermag. Als Massenteilchen ist er weithin Spielball des Schicksals, als Eigener weiß er um sein Verbundensein mit übergeordneten Kraftfeldern und um sein Vermögen steter Höherwandlung.

Weil *Massenmenschen* vorwiegend negativ geladen sind, stehen sie, sich gegenseitig abstoßend, so oft gegeneinander, fallen der Spaltung anheim, der Zersetzung, Entwirklichung und Leere und dem Untergang im Endlichen . . . Der *Eigene* hingegen erkennt sich als Träger dynamischer positiver Kraft und strebt nach Zusammenwirken, Harmonie und gegenseitiger Förderung, nach Wachstum und Reife, fortschreitender Vollendung und Selbstverwirklichung im Einssein mit dem Unendlichen.

Das Beglückende ist, daß jedem echten Streben des Menschen, seine ureigenen Anlagen zu entfalten und ein Eigener zu sein und zu bleiben, hilfreiche Antwort wird: jeder Entschluß, an die Stelle der Zerstreuung nach außen die Sammlung nach innen zu setzen, spricht verwandtes Lichtsehnen in anderen Wesen an und löst im Reich der Ursachen ihm förderliche Tendenzen aus, die zu positiven Schicksalsänderungen führen und zu stufenweisem Innewerden des Freund-Charakters des Lebens.

Weise handelt darum, wer sich gewöhnt, ein Eigener zu sein. Denn, wie der Dichter sagt: „Was ist Eigen-Leben in seiner letzten höchsten Form? Sein Äußerstes zu leisten — den Anderen! Sich verschenken — das ist Eigenleben in letzter höchster Form." Darin allein sollten wir uns alle *gleich* sein: im Streben nach *Menschlichkeit* und darin, daß wir alle Wesen gleichermaßen achten und lieben — als Geschöpfe des gleichen Geistes des Lebens.

Im gleichen Maße, wie wir bewußt dahin streben, ein Eigener zu bleiben und unsere Wesensbesonderheiten und einmaligen Kräfte auszubauen, um unseren Nutzen für das Ganze zu vergrößern, stellt der Geist des Lebens uns immer höhere unseren *Gaben* gemäße *Aufgaben,* die uns unser Lebensziel erkennen lassen, wie es Goethe sah:

> „Gleich sei keiner dem anderen; doch gleich sei jeder dem Höchsten!
> Wie das zu machen? Es sei jeder vollendet in sich."

15 INNERES WACHSTUM FÖRDERN!

Wer hat es nicht schon erlebt, daß ihn beim Aufwachen, in einer Arbeitspause oder an einem Ferientag plötzlich das Gefühl der *Leere und Sinnlosigkeit seines Daseins* überfiel, die jähe Einsicht, daß er Jahre um Jahre im Gleichmaß dahinlebte, ohne daß ein Fortschritt oder ein Zweck und Ziel sichtbar wurde ... Das Empfinden packte ihn, an sich selber vorbeigelebt zu haben und mit leeren Händen dazustehen.

Diese Einsicht sollte nicht schrecken, sondern zur Selbstbesinnung erweitert werden. Denn einmal zeigt das Gefühl der Leere an, daß das *innere Wachstum* über dem äußeren Streben vernachlässigt wurde, daß der innere Mensch zu kurz kam und daß es gilt, sich neuen Zielsetzungen zuzuwenden. Zum andern sollte man erkennen, daß es zu solcher Umstellung nie zu spät ist, daß ungeachtet des Gefühls der Leere und der Stille neue Kräfte wuchsen und daß gerade das Empfinden des *Mangels* schon Vorahnung nahender Wende mit neuen Aufgaben und künftigen Erfüllungen ist.

Das innere Wachstum hat seine eigenen Gesetze; und selbst wenn wir, von außen gesehen, scheinbar auf der Stelle traten, ging der innere Reifeprozeß unablässig voran. Jeder Gedanke, dem wir in uns Raum gaben, war ein Baustein zu unserem inneren Wachstum und Schicksal.

Zeichen positiver Wende ist schon das bohrende Forschen: ‚Wer bin ich? Wozu lebe ich?', das Nachdenken: ‚Wohin neige und strebe ich?', das Fragen: ‚Was ist der Sinn meines Lebens und wie erfülle ich ihn?'. Es zeigt, daß die in der Stille des Innern gereiften Kräfte nach

Betätigung drängen und an neuen Aufgaben erprobt werden wollen.

Und wenn die Wende dann auch äußerlich spürbar wird, entdeckt man, daß eine innere Führung ordnend und richtungweisend am Werke ist, und zugleich erkennt man klarer als zuvor, daß alles äußere Werk nur soweit Wert hat, als es dem inneren Reifer- und Vollkommenerwerden dient, und daß es nicht darauf ankommt, daß man Erfolg *hat,* sondern daß man selbst ein Erfolg *ist.*

Jakob *Boehme* nennt das *innere Wachstum* das wichtigste, nicht das äußere Rennen und Ruhen, Werden und Vergehen, das, ein totes Spiel, wie der Kreis in sich selbst zurückkehrt, während das innere Wachstum spiralig höher führt: vom Ich zum Selbst und darüber hinaus zum Einssein mit dem Allselbst.

Je mehr positive innere Wachstumskraft ein Werk auslöst, desto zukunftträchtiger ist es. Wir handeln weise, wenn wir das kleinste wie das größte Werk mit bejahenden Gedanken erfüllen und es bewußt zu einem dynamischen Bestandteil unseres inneren Fortschritts machen. Je innerlicher und geistbewußter unser Leben und Wirken, desto lebendiger wird unsere Harmonie mit dem Geist des Lebens.

Schon dieses Bewußtsein, daß wir mit jedem Gedanken, Wort und Werk innerlich zunehmen, einen Schritt zu uns selbst und über uns hinaus zum Ewigen tun, ist beglückender als jeder äußere Erfolg. Denn im gleichen Maße werden wir aus einem bloß Dahinlebenden ein den Sinn unseres Daseins Erfüllender und ein bewußter Mitarbeiter am Tempelbau der Menschheit.

Viel Leid im Leben entspringt unserer Geneigtheit, mehr den lautstarken Stimmen des Ich, der Sinne und Triebe zu folgen als der leiseren und weiseren Stimme des Herzens. Bei jeder Erregung kommt die erste Regung vom Ich, das sich entrüstet: ‚Das lasse ich mir nicht gefallen! Dem werde ich's vergelten! Der soll mich kennenlernen!'

Das *Ich* ist furchtsam und verletzlich, nachtragend und boshaft und stets bereit, Kränkungen mit Haß zu verfolgen, fremde Schwächen für sich auszunutzen und sein Glück auf Kosten anderer zu suchen. Das *Herz* hingegen ist beherrschter und gelassener, es blickt weiter, weiß durch Nachgeben zu siegen und ausgleichend und versöhnend zu wirken.

Weil es, getrübten Blicks, zuerst das Dunkle, Unerfreuliche, Feindliche sieht, neigt das Ich zum *Neinsagen*, während das Herz klareren Blicks hinter den Übeln das Gute sieht und weiß, daß letztlich alles zu etwas gut und darum zu *bejahen* ist. Es ist der inneren Ordnung in allem Geschehen gewiß und antwortet darum statt mit Widerstand mit Vertrauen. —

Bei jeder Erregung und Entscheidung haben wir zwei Möglichkeiten: wir können den niederen Regungen des sich klug dünkenden Ich folgen oder der höheren Vernunft des Herzens. Weise handelt, wer in solchen Augenblicken innehält und nach *innen* lauscht, um zuerst seinem Freisein Ausdruck zu geben und dann der Stimme des Herzens zu folgen. Er tut dann nicht mehr das ‚*Erstbeste*', das sich hinterher oft als das Dümmste erweist, sondern das *Bessere*, das zum Ausgleich führt.

Eben dies meint Schillers Rat: „O, wenn das Herz Dich warnt, folg' seinem Triebe! . . . Dein Urteil kann sich irren, nicht Dein Herz . . . Das Herz ist Gottes Stimme." Gleiches erkannte Goethe: „Ganz leise spricht ein Gott in unserer Brust, ganz leise, ganz vernehmlich, zeigt uns an, was zu ergreifen ist und was zu fliehn."

Die Klugheit des vergänglichen Ich sieht nur auf den Vorteil des Augenblicks, während die Weisheit des Herzens den Fortschritt und Aufstieg im Ganzen will. Das Herz, sagt Pascal, „hat seine Gründe, die der Verstand nicht kennt" und von denen er zumeist erst später, oft zu spät erkennt, daß sie die weiseren waren.

Wer dem Herzen folgt, entdeckt noch ein weiteres, das Nietzsche aussprach: „Das Herz ist es, das begeistert, und der Geist ist es, der beherzt macht" – um so beherzter und überlegener, je williger er dem Herzen folgt.

Und im letzten erkennt der, der mit der Vernunft zu fühlen und mit dem Herzen zu denken lernt, die Wahrheit der Verheißung: „Selig sind, die reinen Herzens sind, denn sie werden Gott schauen". Sie empfangen auf ihrem Wege die Gaben des Unendlichen Geistes des Guten in wachsender Fülle.

17 STETS NACH OBEN BLICKEN!

Wer auf die *Blickrichtung* der Menschen achtet, stellt fest, daß die meisten vorwiegend erdwärts, nach unten, bestenfalls geradeaus blicken, nur wenige nach oben. Daß die Letzteren zumeist solche sind, bei denen auch der Lebensweg aufwärts führt, macht den tieferen Zusammenhang zwischen Blickrichtung und *Lebensrichtung* sichtbar.

Einer, der dies erkannte, war der Dichter Emanuel Geibel: „Drei Dinge nur vermag ich ganz zu loben, die stets zu echtem Heil den Grund gelegt: Gesundheit, Mut und *heiter'n Blick nach oben.*" Der Angelpunkt liegt im letzteren, weil jeder Blick aufwärts zugleich den Mut aufruft und das rechte Denken auslöst, das zu rechter Gesinntheit und – Gesundheit führt.

Wer hingegen mehr abwärts blickt, lähmt Mut und Kraft und mindert Wohlgefühl und Gesundheit. Statt der drei Heilbringer ruft er drei Unheilbringer auf den Plan: Ärger, Kummer und Sorge.

Jeder Sorgenbeladene, der die Zukunft fürchtet, jeder Miesmacher, der zuerst auf das Negative blickt, jeder Ängstliche, der sich vom Kummer um einen Mißerfolg den Blick auf die bessere Zukunft trüben läßt, jeder Neidische, der auf das schielt, was andere mehr haben, jeder Grollende, den der Grimm über einen Erfolgreicheren verzehrt, kränkt sich und macht sich krank. Er sieht nicht, daß jeder Blick nach unten Seele *und* Körper abwärtszieht, hemmend und kraftmindernd wirkt, weil aus der Gemütsverfassung die entsprechende Körperverfassung hervorgeht.

Zum Glück kann das jederzeit geändert werden, und zwar durch bewußte Umschaltung der Blickrichtung von unten *nach oben,* mit der sogleich Vertrauen zur Hilfe von oben einzieht, Bejahung des Guten in allem und die Bereitschaft, aus allem das Beste zu machen und zu gewinnen. Wer so handelt, erkennt, daß der Blick nach oben die beste Selbsthilfe und ein Teil jener Lebenskunst ist, die recht gesinnt und glücklich macht.

Je mehr wir bewußt nach oben blicken, desto gewisser wird uns die Wahrheit des Schiller-Worts: „Nichts ist zu hoch, wonach der Starke nicht Befugnis hat, die Leiter anzusetzen."

Wir dürfen aufwärtsblicken, fügt Goethe hinzu, denn *„wir sind alle von oben"*. Achten wir darum darauf, daß jeder Blick ein *Licht-Blick* sei, ein Aufblick in die lichtere Zukunft, die aus der Helle unseres Innern ersprießt. Dann erfahren wir:

Je häufiger unsere Augen lichtwärts blicken, desto zahlreicher werden unsere ‚lichten Augenblicke': die Zeiten der guten Einfälle und Eingebungen, von denen Joubert treffend bemerkt, daß sie „Augenblicke des Glücks sind, in denen es hell ist in unserem Geiste" und in denen sich gleichermaßen unser Leben und Schicksal aufhellt und verschönt.

Denn wenn es in uns licht wird, weicht auch um uns die Finsternis der Helle.

18 GEDANKENMACHT RECHT ANWENDEN!

Die Welt ist voll unerlöster Kräfte, die nach Freisetzung und Auswirkung verlangen. Jeder bejahende Gedanke kann ihnen dazu verhelfen und so die Welt reicher machen.

Wie das? Denken ist kein nur *mechanischer* Bewußtseinsprozeß, sondern, tiefer gesehen, ein *dynamischer* Vorgang mit weitreichenden Wirkungen.

Der Makrokosmos der Sternenwelt ist dem Mikrokosmos der Gehirnzellen nicht nur auf photographischen Großaufnahmen auffallend ähnlich; vielmehr sind beide energetisch verwandt. Wie Licht- und Kraftwellen von Stern zu Stern eilen, so strahlen die *Gedanken* als *geistige Binde- und Bildekräfte* von Hirnzelle zu Hirnzelle und von Wesen zu Wesen, nach Verwirklichung strebend und ihnen gemäße Willens- und Schicksals-Kettenreaktionen auslösend.

So kommt es, daß, wer dazu neigt, an allem Geschehen vorwiegend das Negative und Tadelnswerte zu vermerken, durch seine negative Gedankenstrahlung nicht nur andere abstößt, sondern auch sich selbst für Beglückungen unempfänglicher macht, zumal die Verwirklichungskraft eines Gedankens mit seiner Gefühlsbetontheit und Lebensdauer wächst.

Mit dem *gleichen* Kraftaufwand sichert der gewohnheitsmäßig Bejahende und positiv Denkende sein Glücklichsein.

Ob einer diese Macht der Gedanken bejaht oder verneint, ändert nichts an ihrem Dasein und Wirken. Auch wer sie leugnet, betätigt sie – aber zu seinem Schaden. Wer sie bejaht und recht entfaltet, durchsonnt seinen Alltag, wird glückwürdiger und glückfähiger.

Im Grunde stehen wir in jedem Augenblick an einem Scheideweg und vor der Wahl zwischen Verneinung und Bejahung. Und mit jedem neuen positiven Gedanken wird die Entscheidung leichter, der Weg lichter, Charakter und Schritt fester, das Ziel gewisser und der Sinn des Lebens deutlicher.

Wer seiner Gedanken Herr ist, ist in seinem Lebensreich König. Er hat alle Freiheit, die er wünscht, kann erreichen, was er ersehnt, und verwirklichen, was er gläubig bejaht. Er gleicht einer Sonne, die die Welt ringsum aufhellt und segnet. Indem er Ströme des Heils hinausschickt, sieht er sich selbst in einen Strom der Fülle gestellt, der ihn neuen Ufern zuführt.

Jeder kann durch seine bejahende Gedanken anderen Wesen weit mehr helfen, als er ahnt, wenn sein Bejahen nicht nur ein Gutheißen ist, sondern bewußter Hinblick auf die hinter der äußeren Erscheinung stehende lichte Wirklichkeit und Vollkommenheit.

Solche Bejahung öffnet mehr als äußerer Zuspruch das Herz der anderen nach innen, so daß das Licht der Seele ihr Dasein erhellt und Kräfte aktiviert, die ihnen die Meisterung ihres Schicksals erleichtern.

Mag den anderen auch die Quelle der geistigen Hilfe und Förderung verborgen bleiben — in den Tiefen des kollektiven Unbewußten und Überbewußten werden in jedem Falle gleich Radar-Echos Rückwirkungen ausgelöst, die den Bejahenden zum Gewinnenden machen.

Wer anderen beisteht, wächst zugleich selbst um die Kraft, die er anderen zudenkt, weitet sein Bewußtsein und sein Vermögen, immer besser zu helfen, und sieht sich in seinem inneren Wachstum zunehmend gefördert und geführt.

19 EIN JASAGENDER SEIN!

Wenn man den letzten Ursachen von Glück und Unglück, Erfolgen und Mißgeschicken im Menschenleben nachspürt, stößt man auf die entscheidende Tatsache, daß sie nicht in anderen Menschen liegen, äußeren Dingen und Umständen oder unberechenbaren Zufällen, sondern — *in uns selber,* und zwar in der Einstellung, der geistigen Haltung, die wir den Menschen und dem Leben gegenüber einnehmen.

Wir sind unserem innersten Wesen nach *geistige Kraftfelder,* die genau das anziehen, was ihrer vorherrschenden Schwingung und Abstimmung entspricht.

Wenn einer tief innerlich ein *Neinsager* ist und damit ein Fürchtender, Sorgender und Zweifelnder, dann übersteigt die Summe der von ihm angezogenen mißlichen Erfahrungen bei weitem die der erfreulichen, während bei einem zum *Jasagen* Neigenden und damit zuversichtlich Hoffenden, gläubig das Beste Erwartenden die günstigen und beglückenden Erfahrungen zahlreicher und eindrucksvoller sind als die gegenteiligen.

Niemand kann sagen, was Elektrizität ist. Aber wir wissen alle aus der Praxis, daß sie da ist und wirkt, recht betätigt, uns dient und unser Dasein lichter und leichter macht, hingegen, falsch angewandt, zerstören und töten kann.

Genau so kann niemand sagen, was ein Gedanke ist. Aber tausendfache Lebenspraxis zeigt uns, daß er *wirkt* und, recht betätigt, unser Leben glück- und erfolgreicher macht, hingegen, falsch angewandt, zerstört und tötet.

Um uns der elektrischen Kraft zu bedienen, brauchen wir nur einen Schalter zu betätigen. Um die Verwirklichungskraft der Gedanken recht zu nützen, bedarf es der Umschaltung auf positives Denken, auf *Jasagen.*

Das heißt: Sagen wir täglich tausendmal dort, wo wir bisher gewohnheitsmäßig und unbewußt verneinten, zweifelten, kritisierten, ablehnten, fürchteten und sorgten, von ganzem Herzen *Ja* zu allem, was kommt, einerlei, wie es aussieht, und vertrauen wir auf die dynamische Kraft der Gedanken, die alles verfreundlichen.

Wenn Sender und Empfänger unserer Seele gewohnheitsmäßig auf *Bejahen* geschaltet sind, werden wir immer mehr positive Impulse ausstrahlen und empfangen, erfreuliche Schicksals-Sendungen hereinbekommen und mit Staunen entdecken, daß dieses kleine *Ja!* ein *Universalschlüssel zum Glücklichsein und Glücklichmachen* ist und uns zugleich immun macht gegenüber Mißstimmungen und Mißhelligkeiten, Kränkungen und Krankheiten, Wirrnissen und Widrigkeiten und sonstigen negativen Einflüssen, die die vielen Neinsager in der Welt wie eine ansteckende Krankheit um sich verbreiten.

Wer ständig auf Ja geschaltet hat, ist auf die Welle des Glücks abgestimmt und wird zugleich fähiger, sein Menschentum recht zu entfalten und sein Leben sinnvoll zu gestalten.

20 POSITIVEN MAGNETISMUS ENTFALTEN!

„*Versäumt nicht zu üben die Kräfte des Guten!*" – dieses Goethe-Wort meint die Erkenntnis, daß jeder Mensch ein geistiges Kraftfeld ist, das alles anzieht, was seiner vorherrschenden Wesensschwingung entspricht, und abstößt, was ihr ungemäß ist.

Wir *versäumen* es, die Kräfte des Guten zu üben, wenn wir etwas fürchten und uns sorgen; denn dann betätigen wir unsere schöpferischen Energien in der falschen Richtung: zur Anziehung und Verwirklichung des Befürchteten. Wir *üben* sie, wenn wir etwas erhoffen oder bejahen und so bewirken, daß das Gewünschte, von uns angezogen, auf uns zukommt, unsere Zukunft mitgestaltet, ein Bestandteil unseres Lebens wird.

Die *Richtung* der Strahlung und Anziehung unseres Wesenskraftfeldes bestimmen wir ständig selbst: durch unsere *Gedanken und Gefühle.* Was wir vorwiegend denken, das ziehen wir an. Was wir gefühlsbetont denken, also entweder angsterfüllt oder zuversichtlich wünschen und gläubig erwarten, das ziehen wir mit doppelter Kraft herbei. Wir erhöhen dadurch die Intensität unserer Gravitations- oder Anziehungskraft für das uns Belastende oder Beglückende und geben dadurch unserem Leben und Schicksal die Richtung.

Wir können so glücklich sein und werden, wie wir wollen, *weil Glück kein äußerer Umstand, sondern ein innerer Zustand ist.* Aber — entfalten wir dieses Vermögen nicht zumeist — unbewußt — in der *falschen* Richtung? Wir sorgen und besorgen uns weit mehr Übel, als wir Gutes überzeugt bejahen und machtbewußt realisieren! Darum ist unser Leben voller Unordnung und Leid, Zwiespältigkeiten und Disharmonien, Hemmnisse und Mißhelligkeiten.

Dabei könnten wir das Unerfreuliche weithin aus unserem Leben verbannen, wenn wir jede Regung der Angst oder Sorge beim Auftauchen sogleich mit der Bejahung unseres Geführt-, Geborgen- und Starkseins beantworten und uns so an positives Gestimmtsein, Verhalten und Tun gewöhnen. Mit der Zunahme unseres positiven Magnetismus wird unser Leben heller und beglückender.

Wir könnten ein Giganten-Geschlecht heranbilden, wenn alle Eltern ihre Kinder und wir alle uns gegenseitig ständig ermutigen, alle *guten Kräfte* in uns üben und in unseren Mitmenschen bejahen würden. Wenn die Angst in der Welt abnimmt, nehmen im gleichen Maße

Mißtrauen, Haß und alle Übel ab und gegenseitiges Verstehen und Vertrauen, Einmütigkeit und Friede und die Summe des Guten und Erfreulichen in der Welt zu. Dazu kann jeder beitragen.

Gefördert wird solch geistbewußtes Leben durch die Erkenntnis, daß alles, was kommt, weil geist-geboren, *gut* oder *zu etwas gut* und darum zu bejahen ist.

21 GUTE BEZIEHUNGEN SCHAFFEN!

„Herr X ist nur erfolgreicher, weil er die besseren Beziehungen hat; heut hängt ja alles von den besseren Verbindungen ab . . ." Wer so spricht, will unterstreichen, daß sein eigener unbefriedigender Zustand vom Mangel an Beziehungen herrühre.

Nun ist es aber in Wirklichkeit so, daß Zahl und Art seiner Umweltkontakte vom Menschen selbst abhängen, daß jeder die Verbindungen hat, die seiner Wesensart entsprechen, und sich *so viele gute Beziehungen schaffen* kann, wie er wünscht. Und wie?

Im Wort *‚Beziehungen'* steckt die Wurzel *‚ziehen'*. Man braucht sie nicht zu suchen, sondern kann sie *herbeiziehen.* Gute Kontakte entstehen durch die Entfaltung der *ziehenden Kraft des Gemüts*, durch die Anziehungskraft unseres Charakters.

Jeder Mensch ist ein Kraftfeld, dessen Ladung und Dynamik von der Richtung seiner Gedanken abhängt: ist diese neutral, weder positiv noch negativ, bleiben die Umweltkontakte lose. Ist sie negativ, wächst die Abstoßkraft für positive und die Anziehungskraft für negative Dinge, Wesen und Umstände. Ist sie vorwiegend positiv, werden immer mehr gleichgestimmte Wesen und Schicksale angezogen. Denn Gleiches zieht Gleiches an, Ungleichartiges stößt sich gegenseitig ab.

Wer sich selbst als sonnenhaft und glücklich und die anderen als sympathisch und liebenswert bejaht, zieht durch seine Lichtheit, seine Wärme, seinen Magnetismus, seine Gravitationskraft ihm geistverwandte Wesen an. Je intensiver er sich einem anderen *innerlich verbunden* fühlt, desto sicherer tritt im äußeren Leben die entsprechende *Verbindung* ein. Dem ersten Kontakt folgen freundschaftliche Beziehungen, die zur Zusammenarbeit und gegenseitigen Förderung führen, zur Herbeiziehung günstiger Umstände und zur Innewerdung des gemeinsamen Zuges nach oben.

Dabei zeigt sich, daß die uns *geistig Verwandten* uns oft dienlicher sind als die leiblich Verwandten. Die letzteren können sich oft fremd oder feindlich gegenüberstehen; die zur gleichen *geistigen Familie* Gehörenden werden sich instinktiv zueinander hingezogen fühlen und einander beistehen. Zudem ist der Kreis der geistig Verwandten der größere und einflußreichere.

Schon die halb-geistige Verbindung durch gemeinsame *Interessen* ist ein starkes Bindemittel, aber weit haltbarer sind die magnetischen Klammern, die die seelisch Gleichgestimmten und geistig Gleichgesinnten verbünden. Sie entstehen durch *Bejahung*, die das eigene Wesenskraftfeld um das des Bejahten erweitert. Solche Kontakte gleichen der ‚Liebe auf den ersten Blick‘: sie erwachsen aus dem Innewerden der geistigen Verwandtschaft und des seelischen Einklangs und werden vom Erwachen neuer schöpferischer Kräfte begleitet.

Es ist nicht nötig, daß wir ‚überall dabei sind‘, um

Kontakte zu suchen. Wichtiger als die körperliche ist die *geistige Begegnung*, die Geistverwandte durch die Kraft der Kohäsion von selbst zueinander hinzieht und schließlich auch äußerlich zusammenführt. Dies um so eher, je dynamischer einer ist und je bewußter er nicht haben und nehmen, sondern *geben* will: eben dadurch erweckt er im anderen das Gefühl unmittelbaren Bereichertseins, das diesen wiederum veranlaßt, sein Bestes zu geben.

Im Leben des Menschen, der so denkt, stellen sich gute Beziehungen, günstige Umstände und Glücksfälle in wachsendem Maße von selbst ein.

22 DIE ANDEREN BEJAHEN!

„Im gewöhnlichen Umgang zeigen die Menschen einander nur ihre Außenseite. Mißtrauen oder Gleichgültigkeit halten sie davon ab, andere in ihr Inneres schauen zu lassen." Diese von Schlegel beklagten Schranken, die die Menschen zwischen sich errichten, lassen sich überwinden, wenn wir statt auf ihre Außenseite auf ihr *lichtes Inneres* blicken und ihre guten Eigenschaften und Absichten bejahen.

In der *Bejahung* liegt der Schlüssel zum Glücklichmachen und Glücklichsein. Dazu gehört, nach Rousseau, daß wir die Anderen gern kennenlernen, uns für sie interessieren, ihre Neigungen und Leidenschaften zu begreifen suchen, selbst aber dabei so unparteiisch bleiben, daß wir nicht in sie verstrickt werden, und bei unserem Verhalten stets der Goldenen Regel folgen, das, was wir von anderen erwarten und wünschen, diesen zuerst selbst zu erweisen.

Was wir ehrlich bejahen, das fördern wir; und nach dem Gesetz von Aktion und Reaktion ist gleiche Förderung uns gewiß.

Doch genügt es nicht, andere nur *passiv* zu nehmen, wie sie sind, und Feuchterslebens Rat zu folgen: „Welcher Umgang dich kräftigt, dich zur Fortsetzung deiner Lebensarbeit tüchtiger macht, den suche; welcher in dir eine Leere und Schwäche zurückläßt, den meide!" Sondern es gilt, *aktiv* zu bleiben, die Anderen mit dem Licht der inneren Sonne anzustrahlen, mit der stärkeren Gravitation unseres Wesenskraftfeldes anzuziehen, durch Bejahung gleichzurichten und in Freunde zu verwandeln.

Wer die Anderen bejaht, wird sich nicht über Schwächen, Leiden oder Untugenden erregen, sondern statt auf Mängel und Fehler auf die dadurch nur verdeckten und gehemmten positiven Kräfte und Fähigkeiten blikken und diese durch beharrliche Bejahung zur Entfaltung reizen.

Selbst das Zusammenleben mit unleidlichen Menschen, die man nicht ertragen zu können glaubt, wird durch Bejahung erträglicher und ertragreicher. Nicht nur lindert sich die Last, oft bringt der Zauberstab der Bejahung selbst in Fels und Wüste Quellen des Verstehens und der Freude zum Fließen . . .

Immer ist der Bejahende der Überlegene, weil er über den Gleichgültigen oder Verneinenden steht; und er gewinnt sie, weil sie spüren, wie sein Ja sie emporzieht. Jedem Wesen ist dort am wohlsten, wo es sich von einem Größeren anerkannt sieht; und nichts wird einer leichter als das, wofür er sich gehalten fühlt.

Kinder und Tiere spüren solche Bejahung oft unmittelbar und antworten mit spontaner Zuneigung. Bei Erwachsenen dauert es etwas länger, bis die lichten Kräfte der Seele sich hervorwagen. Darum braucht es Geduld, denn, wie Pestalozzi sagt, „des Menschen edleres Leben geht langsam von Stufe zu Stufe zu seiner Reifung; aber sein Wachstum steht nie still, sondern schreitet aufwärts von Erkenntnis zu Erkenntnis und von Liebe zu Liebe."

Der Bejahende weiß, daß viel mehr gute und göttliche Kräfte und Strebungen in den Menschen stecken, als diesen bewußt ist. Diese bejahend, bleibt er selbst gelassen und unabhängig. Doch während er selbst gleichmütig, unbekümmert und unverändert seinen Weg geht, wandelt und bestimmt sein Dasein unmerklich das Gesicht seiner Umwelt.

23 DAS GEMEINSAME VORANSTELLEN!

Um mit allen Menschen gut auszukommen — und wer möchte das nicht! —, müssen wir die anderen bejahen und der Goldenen Regel folgen, das, was wir von anderen erwarten, diesen zuerst selbst zu tun. Das wiederum setzt voraus, daß wir das *Gemeinsame* erkennen und voranstellen. Um so leichter wird es, mit dem gemeinsamen Wohl auch das eigene Glück zu sichern und zu mehren.

Diese Einsicht ist der Menschheit fast verloren gegangen. In alten Zeiten waren Wissenschaft, Philosophie und Religion noch eins. Sie wurden von den geistigen Führern noch als Ganzes gelehrt. Aber im Lauf der Jahrtausende haben sie sich zunehmend voneinander entfernt, getrennt und aufgespalten.

Heute haben wir eine Vielzahl immer mehr sich spezialisierender Wissenschaften, philosophischer Systeme und sich gegenseitig ausschließender Religionen und Konfessionen — und eine Menschheit, die nicht nur in Rassen, Völker und Parteien, sondern bis in die Familien und den einzelnen Menschen hinein gespalten, zerrissen und entzweit ist.

Und diese Spaltung setzt sich weiter fort bis ins Kleinste, das bisher als unteilbar galt: bis zum Atom, dessen Kernenergie zuerst in den Dienst der Zerstörung gestellt wurde . . . Überall sehen wir Seume's Erkenntnis bestätigt: „*Einheit* nur kann das Verderben hemmen; doch die Einheit flieh'n wir wie die Pest."

Wenn wir tiefer sehen, erkennen wir jedoch eben hier den Punkt der *Wende*, die zur Rettung vor der Selbstvernichtung führende Selbstbesinnung und das allmähliche Wachwerden für die noch leisen Stimmen der *Einheit:* in den Wissenschaften als Ruf nach universeller Synthese, in der Philosophie als Drang zur Einheitsschau, in den Religionen als Mahnung zu gegenseitiger Verständigung und Besinnung auf das *Gemeinsame*, in der Psychologie als Wegweisung zur inneren Einswerdung des Menschen, und in der Politik als Hinwendung zum Gedanken der *Geeinten Menschheit* im Geiste brüderlicher Duldsamkeit und gegenseitiger Hilfe.

Immer deutlicher wird Notwendigkeit und Sinn der *Gemeinschaft* erkannt: die Aufgabe, hinter aller Verschiedenheit das Gemeinsame zu bejahen und zu pflegen.

Daß wir damit auf dem rechten Wege sind, erfährt jeder, der in seinem eigenen Lebenskreis und Arbeitsbereich damit beginnt, das Gemeinsame, Verbindende voranzustellen. Er erfährt die Antwort des Lebens als zunehmende Beglückung und Förderung und als Führung von innen her, die ihn fühlen läßt, daß sein Wille im Einklang steht mit dem Willen des Ganzen, des Geistes des Lebens, der *alle* Wesen gleichermaßen als seine Kinder liebt und ihr ständiges Fortschreiten zu immer höheren Stufen der Bewußtheit und Vollkommenheit will.

Das ist in der Tat für jeden von uns das Nächstliegende: der Dienst am *Nächsten.* Nichts bereichert und beglückt mehr als die Beglückung anderer. Sie führt dazu, daß die Mauern der Eigensucht, des Mißtrauens und Mißverstehens, die Menschen und Völker voneinander trennen, durchbrochen und abgebaut werden.

Am vollkommensten dient der Gemeinschaft, wer sein *Eigenes* zu höchster Entfaltung bringt, um dem Ganzen immer mehr geben zu können, und zugleich in jedem Anderen sein ‚anderes Ich', sein *eigen Selbst* erkennt: das gleiche göttliche Licht, das in ihm glutet und zu loderndem Feuer entfacht wird, wo immer ein Mensch sich auf seine *Menschlichkeit* besinnt und zur Gewißheit der inneren Verwandtschaft und Einheit aller Wesen erwacht.

24 ALLE WESEN GERN HABEN!

Einer der glücklichsten Menschen, die ich kennen lernte, gab mir auf die Frage nach dem Grund seines Frohgestimmtseins die Antwort, daß er jedes Wesen, das in seinen Gesichtskreis trete — Mensch und Tier — als Glücksboten Gottes ansehe und darum *segne,* und daß er vielleicht deshalb so viel Gutes erfahre und dadurch wiederum neuen Grund zum Jasagen bekomme.

Wenn wir die großen und kleinen Glücksfälle des Daseins hinsichtlich ihres inneren Zusammenhangs und Ablaufs analysieren, stoßen wir auf gewisse Gesetzmäßigkeiten und Grundtatsachen. Eine davon können wir folgendermaßen formulieren: *Glück* kommt zumeist durch andere Leute zu uns; aber ob sie für uns zu Glückbringern werden, hängt von unserer Einstellung zu ihnen ab.

Wenn wir sie von vornherein *gern haben,* ihnen Wellen der Sympathie zustrahlen, ihnen unsere lichte Seite zukehren und dadurch schon den ersten seelischen Kontakt positiv gestalten, werden sie sich auch uns unwillkürlich von ihrer besten Seite zeigen: als *Glückbringer.*

In der Tat bestätigen alle Großen und alle wirklich glücklichen Menschen, daß man, wenn man anderen Wesen mit dem Gefühl des Gernhabens gegenübertritt, in wachsendem Maße Förderung erfährt. Man schaltet dadurch gewissermaßen die anderen *und* sich selbst auf die Glückswelle ein.

Bemerkenswerterweise gilt dies gleichermaßen für die *Liebe zu den Tieren:* Wer Tiere gern hat, sie beschützt und für sie sorgt, macht sie zu Glücksbringern.

Daß so viele Tiere und Tierpuppen als Maskottchen dienen und vor Unglück bewahren sollen, geht auf diese Erfahrung zurück. Natürlich weist die glückbringende Kraft bei der Liebe zu *lebenden* Tieren ein zehnmal höheres Energie-Potential auf, wie ja auch das direkte Sonnenlicht bei Tage mehr Helle und Wärme gibt als das indirekte, das uns nachts von der toten Mondoberfläche zugestrahlt wird . . .

Dieses glückbringende *Gernhaben* hat nichts mit jener Gier zu tun, die den Ton auf das *Haben* legt. Es ist vielmehr ein *Sein*, und zwar ein bejahendes Aufgeschlossensein für den anderen, jenes Bereitsein, ihn am eigenen inneren Reichtum teilhaben zu lassen, das wie ein Lichtfunke überspringt, das Herz des anderen entflammt und seinen guten Willen aktiviert.

Das vollzieht sich, wohlgemerkt, unterhalb der Bewußtseinsschwelle, in den Tiefen des Wesens, aus denen — als Echo des Gernhabens — die Anstöße zum Glücklichmachen kommen und die Schicksalsfäden sich knüpfen, die uns für alles Gute anziehender und empfänglicher und die anderen Wesen zu Glückbringern machen.

25 DAS GESETZ DER RESONANZ BEACHTEN!

„Warum habe ich ständig Unglück, während anderen alles gelingt?" fragt so mancher, der mit dem Leben nicht zurecht kommt. Die Antwort liegt nahe: es ist das *Gesetz der Resonanz*, das hier wirkt. Es besagt, daß auch schwächste Eigenschwingungen eines Wesens oder Dinges andere zum Mitschwingen und Mitklingen bringen, wenn die Frequenz der eigenen Schwingungen der der anderen entspricht.

Resonanzfähig sind durchaus nicht nur gespannte Saiten, eingeschlossene Luft, Metall- und Glasstücke, sondern alle Wesen und Dinge. Das Gesetz der Resonanz gilt auch nicht nur für Schall- und elektromagnetische Wellen, sondern ebenso für Gedankenwellen, für alle geistigen Schwingungen.

Jeder Mensch ist ein Sender, ein Kraftfeld, dessen Schwingungen andere Schwingungsfelder zum Mitschwingen bringen, soweit beider Frequenzen übereinstimmen. Und da wir Menschen ständig denken, bringen wir fortwährend Wesen und Dinge um uns zum Mitklingen, zu anti- oder sympathischem Reagieren, zur Rückstrahlung und Gegenwirkung, und das heißt: zur Verwirklichung der von uns ausgestrahlten Gedanken.

So kommt es, daß die von uns ausgesandten Gedanken-, Gefühls- und Willensschwingungen als Resonanz, als Widerhall, als Rückschwingung, kurz, als *Schicksal* zu uns zurückkommen. So kommt es, daß ein Mensch, der vorwiegend positiv schwingt, von überall her Freundlichkeiten und Beglückungen empfängt, wie einer, der liebt, Liebe auslöst, und einer, der Unglück fürchtet, Mißgeschicke serienweise anzieht.

Jeder Gedanke versetzt – wie ein geworfener Stein das Wasser – den Äther in Schwingungen und bringt die von diesen Schwingungen berührten Wesen und Dinge zur Resonanz. Er gleicht einem Bumerang, der zum Werfer zurückkehrt. So löst jeder das aus, was er denkt, wobei geistiger und physischer Widerstand gegen selbstgewirkte Übel den Mißstand vergrößert. Der Stachel, dem man sich widersetzt, setzt sich erst recht in einem fest . . .

Alle Lebensweisheiten entsprechen diesem Gesetz der Resonanz, nach welchem Liebe Zuneigung auslöst und Haß Gegenhaß – bis hin zur Goldenen Regel Christi: „Was Du willst, das die anderen Dir tun, das tue Du ihnen zuvor!“ Das heißt: Sei ein Sender positiver Schwingungen und verhalte Dich demgemäß, dann nimmt die Zahl der beglückenden Begegnungen, Umstände und Erfahrungen in Deinem Leben ständig zu.

Wie anders gestaltet sich unser Dasein, wenn wir dieses Gesetz nicht mehr, wie bisher, täglich tausendmal unbewußt in negativer Richtung ingangsetzen, sondern es von heute an ebenso bewußt wie beharrlich nach der positiven Seite hin betätigen! Hier ist ein Weg, ein neues Leben zu beginnen und die Welt freundlicher zu gestalten.

26 DIE RECHTEN WORTE WÄHLEN!

Nur wenige wissen, daß man nicht nur durch Gedanken, sondern auch durch seine *Worte* die ihnen entsprechenden Dinge und Umstände heraufbeschwört, daß jedes Wort einem Bumerang gleicht und als Wirkung zum Sprecher zurückkehrt.

Wer gedankenlos Redewendungen gebraucht wie „Das kann ich nicht — ich gräme mich — alles geht schief — ich sorge mich — mir geht es schlecht — es sieht schlimm aus“ und ähnliche ‚Feststellungen‘ trifft, der stellt damit Seelen- und Schicksals-Schaltungen auf Mißlingen und andere negative Reaktionen ein und fest.

Negativer Haltung mit Worten Ausdruck geben heißt negative Verhältnisse auslösen, wie schon *Hesiod* erkannte: „Hast Du was Schlimmes gesagt, bald selbst noch Schlimmeres hörst (und erfährst) Du.“

Wenn, wie es in der Schöpfungsgeschichte heißt, „Gott sah, daß es *gut* war“, sollten wir es auch so sehen und dieser Sicht bewußt mit positiven Worten Ausdruck geben, damit das Gute sich offenbaren kann. *Wir* bestimmen unsere Worte — aber einmal ausgesprochen, bestimmen sie *uns*. Da jedes Wort Keim künftigen Schicksals ist, sollten wir mit unseren Worten das *Gute* an allem und allen bejahen und das weniger Gute mit Schweigen beantworten.

Wer sich und anderen oft sagt: „Es geht gut, es geht voran!", der ruft das Bessergehen herbei. Denn jedes Wort, das Ausdruck des Wohlseins und Wohlwollens ist, führt gesetzmäßig zum Wohlergehen.

Wenn wir wissen, wie rasch frohe Nachrichten Wohlgefühl und guten Willen wecken, warum dann nicht mit jedem Wort ein Bringer guter Botschaften sein? Warum nicht dem Rat folgen: *„Sag positiv,* was Du zu sagen hast; und wenn Du das nicht kannst, dann schweige!"

Am besten ergeht es dem Begeisterten: indem er sich über alles freut, alles dankbar entgegennimmt, überall das Lichte sieht und es froh bejaht, stets das Gute erwartet und sein Bestes gibt, von jedem Gutes spricht, viel lobt und anerkennt, bewirkt er — und zwar um so mehr, je weniger er diese Wirkung berechnend erwartet, sondern einfach seinem Herzen folgt —, daß die Umwelt ihm mehr zuliebe tut als hundert Griesgrämigen. Denn wer sich anerkannt und geschätzt, gelobt und geliebt sieht, fühlt sich geadelt und zeigt sich gern von seiner besten Seite.

Darum verneint und richtet der Weise nicht, sondern bejaht und richtet auf. Infolgedessen geht er selbst aufrecht, steht fest und erfährt mehr Förderungen im Leben als der Verneinende. Er verbindet Lob mit Weisheit: unmittelbares Lob kann den Nächsten ermutigen, aber auch übermütig machen; Lob über Dritte weckt dreifach die Kräfte des Guten.

Probiere es aus und mache den heutigen Tag zu einem *Tag der guten Worte.* Schon am Abend wirst Du die ersten Rückstrahlungen spüren und den Versuch morgen um so lieber fortsetzen. Je mehr Du mit jedem Wort Freude und Freundlichkeit, Sympathie und Wohlwollen ausstrahlst, desto mehr Wesen, Dinge und Umstände werden zu Deinem Besten, zum gemeinsamen Besten zusammenwirken. Denn *Worte wirken am Wesen und wandeln die Welt.*

27 FREUNDSCHAFTEN WEISE PFLEGEN!

Von allem, was die Weisheit zur Glückseligkeit des ganzen Lebens in Bereitschaft hält, ist nach *Epikur* das weitaus Wichtigste der Besitz und die Pflege der *Freundschaft.*

Auch der größte Geist bedarf der Anregungen, um lebendig zu bleiben. Und noch mehr braucht der, dessen Leben trübe und inhaltslos dahinfließt, den belebenden Einfluß der Freundschaft, die nicht nur zu den edelsten Regungen des Herzens zählt, sondern auch die wertvollsten Tugenden und Kräfte weckt und den Menschen glückfähiger macht.

Freunde gewinnt man und Freundschaften pflegt man durch drei Tugenden: Aufgeschlossenheit, Bejahung und Teilnahmebereitschaft.

Die wichtigste ist die *Aufgeschlossenheit,* weil sie zugleich die Herzen der anderen aufschließen hilft. Sie bedeutet, daß der innere Glücksender und -empfänger ständig unter Strom und auf die Welle der Sympathie abgestimmt ist und Gleichgestimmtheit und Gleichgesinntheit bewirkt.

Nicht weniger wichtig ist *Bejahung.* Sie bedeutet, daß wir mit dem anderen einverstanden sind, sein Freundsein bejahen, ihm Kraft und Mut zudenken. Die Folge ist besseres Verstehen, leichtere Verständigung und glückbringendes Einvernehmen. Jede Bejahung des anderen in Gedanke, Wort und Tat bewirkt, daß er sich uns williger aufschließt und von seiner besten Seite zeigt.

Das dritte, das Freundschaften weckt und vertieft, ist jene von Herzen kommende *Teilnahmebereitschaft,* die mit der *Liebe* das gemein hat, daß sie teilen und sich verschenken will und eben dadurch beide reicher macht. Sie äußert sich auch in der Gemeinsamkeit der Interessen und Liebhabereien, die nicht nur die Mühen teilt und die Freuden verdoppelt, sondern auch schlummernde Kräfte und Talente auf den Plan ruft und die Glücksfähigkeit erhöht.

Spinoza stellte das Freundschaftsbündnis mit aufrichtigen Wahrheitssuchern über alles. In der Tat führt die *Freundschaft mit Weisen* zu jener inneren Größe und Unabhängigkeit, von der Emerson sagt, daß „nur der hoher Freundschaft fähig ist, der auch ohne sie fertig zu werden vermag."

Freundschaft mit Weisen pflegt auch, wer ihre Werke liest; er wird dadurch lebenslängliches Mitglied des edelsten Freundschaftskreises, den es gibt, und macht sein Leben im gleichen Maße lichter und sinnerfüllter. Ein einziger Gedanke, ein Satz aus einem jener Lebensbücher, die die höherführenden Gedanken der Großen der Menschheit in potenzierter Form vermitteln, kann Kettenreaktionen glückhafter Wendungen auslösen.

Je williger wir, zum Freundsein bereit, die drei Freundestugenden entfalten, desto zahlreicher werden die freundschaftlichen Umweltkontakte und die von uns herbeigezogenen Beglückungen, desto sichtbarer kehrt das Leben uns seine freundliche Seite zu und desto reicher werden wir – an Schätzen reicher und schätzenswerter auch für die Umwelt.

28 EIN LIEBENDER SEIN!

Unser Leben besteht zu einem erheblichen Teil aus zufälligen Begegnungen mit Menschen, Dingen und Umständen, die aber in jedem Falle nur Rohstoff sind. Schicksalentscheidend bleibt immer, was der Mensch daraus *macht,* und das wiederum hängt von der Art und Richtung seiner Gedanken, seiner Gesinntheit ab.

Ist er ein Liebender, zum *Geben* bereit, wird er aus dem ‚Zufälligen' – das ja in Wahrheit ein in seinen Ursachen, Abläufen und Tendenzen noch unerhelltes Schicksalhaftes ist – etwas machen, das ihm und anderen zum Segen gereicht und das Leben aufhellt. Der *Haben*-Wollende hingegen wird diese Möglichkeiten entweder nicht oder falsch sehen und sie in Mißhelligkeiten verwandeln.

Unnötig, durch Beispiele aus dem Alltag zu illustrieren, wie oft beides gleich serienweise geschieht. Sie zeigen, daß jeder Zufall janus-köpfig ist: ob er uns sein lichtes oder sein dunkles Antlitz zukehrt, hängt davon ab, ob wir ihm mit lichtem Sinn und sieggläubigem Ja oder mit Mißtrauen und Ablehnung begegnen. Der Liebende ist wacher für die Weisheit, den Willen und die Gunst, die auch im ‚Zufälligen' walten.

Um glücklich zu sein, braucht der Mensch *Liebe.* Um Liebe zu empfangen, muß er sie zuvor *geben,* zuerst selbst ein Liebender sein. Wer hingegen zuerst *haben* will, mindert seine Anziehungskraft für Beglückungen und steht am Ende mit leeren Händen da. Der Preis, den er für das Erreichen des Begehrten zahlt, übersteigt den Wert des Besitzes, während der, der das von anderen Erwartete zuerst selbst ist und tut, jedesmal der Gewinnende ist. Er ist aufgeschlossener für die Glücksmöglichkeiten und wird leichter von ihnen erreicht.

Willst Du glücklich sein, so liebe! rät darum der Lebensweise. Der Liebende ist immer der Reichere. Er hat Zeit für andere, ist bereit, sie zu bejahen und ihnen zu dienen — und empfängt in der Folge Förderungen und Hilfen, die dem Ichhaften fernbleiben. Er ist nicht nur empfänglicher für Glücksfälle, sondern auch fähiger, sie als solche zu erkennen und zu nützen.

Es ist eine Binsenweisheit und Lebenserfahrung, die aber von wenigen beachtet wird, daß jeder Impuls der Liebe das Vermögen erhöht, Glück zu geben und zu empfangen. Wollte doch jeder einsehen, wie sehr liebende Gesinntheit seine Glücksfähigkeit erhöht und Glück bringt, während der Egoismus die Unglücksträchtigkeit steigert, also Mißlingen nach sich zieht wie der Blitz den Donner. „Das eben ist der Liebe Zaubermacht, daß sie veredelt, was ihr Hauch berührt, der Sonne ähnlich, deren gold'ner Strahl Gewitterwolken selbst in Gold verwandelt."

So wird das gleiche Leben, das die Ichsucht verdunkelt, von der Liebe durchlichtet.

29 DURCH GEBEN REICHER WERDEN!

Alle Wesen sehnen sich nach Glück — doch nur wenige folgen der Weisheit des Glücklichseins durch Glücklichmachen. Die meisten wollen zuerst nehmen und behalten — und werden eben dadurch unvermögend zum rechten Empfangen. Sie zermartern ihr *Hirn* mit der Sorge des Reicherwerdens — und sehen nicht, daß der Schalter der Fülle im *Herzen* sitzt, daß *Glück Frucht nicht des Ersinnens, sondern der Gesinntheit ist.*

Immer mahnt uns das Leben, wie es Rilke vernahm: „Willst du, ich soll dir geben, sei bitte erst Schale und schön." Sei erst selbst ein Quell der Erquickung für andere, folge dem Willen des Lebens, der *Wille zum Geben* ist; das rechte Empfangen und Reicherwerden folgt dann von selbst . . .

Das Leben ist ein Strom, der sich immerfort verschenkt und den trägt, der es ihm gleichtut, hingegen den, der nur haben und halten will, wegschwemmt und untergehen läßt. Der Teich, der das ihm zufließende Wasser nicht weiter gibt, verschmutzt und verschlammt zum Sumpf, während der Bach, der willig weiterreicht, was ihm aus der Quelle zuströmt, lebendig und rein bleibt und wächst.

Alles Lebendige gedeiht durch Geben und Empfangen. Wo dieser Kreislauf und Stoffwechsel stockt, folgen Mangel, Siechtum und Tod. Das erfahren jene drei Menschengruppen, die denken: „Wie kann ich andern geben, wenn ich selbst nicht genug habe?" oder „Wie kann ich Liebe geben, wenn alle andern nur an sich denken?" oder „Wenn ich erst selbst genug habe, will ich gern — später — auch andern geben."

Diesen dreien sei gesagt: *Ihr seid reicher, als Ihr denkt!* Ihr müßt nur den Quell des Glücks in euch zum Fließen bringen, und zwar dadurch, daß Ihr von Euch weg- und auf die *anderen* hinseht und *diesen* Gutes zudenkt, Fülle wünscht und Liebe erweist, sie segnet und ihr Glücklichsein bejaht – um so inniger, je weniger Liebe Ihr bei den anderen zu sehen vermeint!

Wer das, *was ihm fehlt, anderen* mit liebendem Herzen zudenkt, sie segnet, ihr Glücklich- und Reichsein in jeder Hinsicht bejaht, der stellt damit den Glücksschalter im eigenen Herzen auf ‚Empfang' um und bewirkt Wunder der Wandlung, die er bis dahin für unmöglich hielt. Um das zu erfahren, braucht man es nur auszuprobieren.

Vergiß nicht, daß nicht die Gabe, sondern der Wille den Geber macht: der Geist der *Liebe*, daß die Bewegtheit des *Herzens*, das mit jedem Gedanken und jeder Gabe sich selbst verschenkt, jene Schwingungen auslöst, die die Umschaltung des eigenen Schicksals auf die Welle des Glücks bewirken und den Geber in einen Glücksträger verwandeln, der immer reicher wird, je mehr er andern darreicht.

30 INNERE GRÖSSE BEWEISEN!

Man spricht oft von *großen Menschen,* die es nur dem Namen nach waren, indes unbekannte Zeitgenossen sie an innerer Größe weit überragten . . . Groß ist nicht, wer *über* vielen anderen steht, sondern wer *für* viele andere da ist.

Wahre Größe ist etwas, was wir alle tief innerlich

besitzen und auch äußerlich offenbaren sollen. Christi Ruf an uns, vollkommen zu sein, meint eben dieses unser göttliches Erbe, von dem wir so unzulänglich Gebrauch machen.

Innere Größe äußert sich als Großzügigkeit und Großmut, als Hochherzigkeit und als jene Großgesinntheit, von der Aristoteles sprach: „Der Großgesinnte wird andere ungern oder garnicht um Hilfe angehen, selber aber stets willig Hilfe leisten. Er redet auch nicht über andere oder sich selbst, und an Lob liegt ihm ebenso wenig wie daran, daß andere getadelt werden."

Er strebt nicht nach Anerkennung, sondern bejaht und anerkennt die Größe der *anderen* – und empfängt, ohne zu suchen, was der nach Lob Gierende sucht, ohne es zu finden. Sein liebendes Ja macht fremde Größe zur eigenen und bewirkt, daß – als Folge dieser vom Geist des Lebens bejahten Haltung – ein wachsender Schatz an Glücksgelegenheiten bereit steht, ihm dienlich zu sein.

Innere Größe kann sich darin äußern, daß einer die Not eines Menschen oder eines Tieres gewahrt und sogleich mit seiner Hilfe einspringt. Auf den unsichtbaren Wegen der Schicksalsverkettung mag eine solche Tat unerwartete Glücksserien zur Folge haben. Jede aus der inneren Größe entspringende lichte Tat erhöht die Strahlkraft und die Anziehungskraft für die Hilfe von oben und bewirkt, daß immer mehr Menschen, selbst Feinde, ihm zu Glückbringern werden.

Ein persisches Sprichwort besagt: „Ein Mann der Großmut spendet seinen Segen und wägt nicht lang, ob Nutzen er verspricht. Denn eine Tat, geübt des Vorteils wegen, ist Handel nur und wahre Großmut nicht." Größe ist nicht *Großtun* aus Zweckdenken, sondern

Großsein aus innerstem Antrieb. Sie hält nicht das eigene Ich für wichtig und die anderen für nichtig, sondern sieht sich und die anderen richtig – als Bruder-Funken aus dem gleichen Urlicht. Indem sie das Ich zurückstellt und dem Selbst folgt, dessen Wille mit dem des Ewigen eins ist, bringt sie, wo sie wirkt, Quellen des Glücks zum Fließen, während ihr dunkler Gegenpol – der Egoismus – Quellgrund von Fehlhaltungen und Mißgeschicken ist.

Erwartete Dankbarkeit stellt sich selten ein, nur die nicht erwartete ist immer zur Stelle. Wie Christus in der Bergpredigt klarstellt, bringt, was aus Berechnung geschieht, keinen oder nur einfachen Zins, während, was Liebe wirkt, hundertfache Segnungen zur Folge hat. Denn dem Großgesinnten fließen nicht nur aus den Herzen anderer Wesen, sondern – was wesentlicher ist – von allen lichten Mächten des Lebens Beglückungen zu, die der Ichsüchtige nie erfährt.

31 DAS DASEIN HARMONISIEREN!

Als das höchste Gut, das der Mensch gewinnen kann, nennt *Seneca* die „Harmonie der Seele mit sich selbst“. Denn aus ihr entspringe die Harmonie mit allem, was lebt, mit dem Leben selbst und mit dem Ewigen – und das wiederum bedeute die Harmonisierung des Daseins und die Sinnerfüllung des Lebens.

Morgenstern gibt der gleichen Einsicht Ausdruck: „Man weiß, wie wichtig es ist, Schwangeren harmonische Verhältnisse zu sichern. Sollte es anders sein mit der Menschheit, die sich fortwährend im Zustand der Mutterschaft befindet?“

Je *harmonischer* ein Mensch wird, desto *menschlicher* wird er und desto näher ist er dem Übermenschlich-Göttlichen, auf das hin er angelegt ist. Zugleich dient er damit dem Wohl der Menschheit: er weiß sich nun als Teil einer Gemeinschaft, deren Geist — der Geist des Lebens — in ihm wirkt und ihm hilft, das Dasein zu harmonisieren.

Daß wir alle viel inniger miteinander verbunden sind, als wir ahnen, macht das Wahrwort bewußt: „Alles ist ewig im Innern verwandt." Je mehr wir uns auf unser inneres Verbunden- und Einssein mit den Wesen um uns, Menschen wie Tieren, besinnen, desto harmonischer wird unser Leben. Wir erfahren uns dann als ein wohlgestimmtes Instrument im Gesamtorchester des Lebens, finden intuitiv unseren Einsatz und erhöhen die Einmütigkeit und den Einklang mit den anderen Mitspielern mit jedem bejahenden Gedanken, den wir in uns erklingen lassen.

Das einfachste Mittel erfolgreicher Harmonisierung unserer selbst und unseres Daseins und zur Herbeiführung herzlichen *Einvernehmens* — des vernehmlichen Einklangs — mit der Umwelt ist in der Tat die Gewöhnung an bejahendes, gütiges, liebevolles Denken und Verhalten.

Und wenn wir einmal — innerlich verstimmt — nicht den rechten Ton finden, gibt es ebenfalls ein zuverlässiges Mittel rechter Wiedereinstimmung in die Gesamtharmonie: das *Schweigen,* in dem die innere Harmonie des Ganzen sich wieder in uns durchsetzt und uns, wenn wir nach innen lauschen, das Einstimmen, die *Übereinstimmung* mit den anderen, leicht macht. Wir brauchen kein Wort zu sprechen. Die schweigende Abstimmung unseres Gemüts auf die Tatsache unseres inneren Einklangs mit den anderen wirkt harmonisierend und löst Zusammenklänge aus, die sich auch äußerlich bemerkbar machen:

Was sich alsdann vernehmbar offenbart, ist mehr als der ‚gute Ton' gegenseitigen Achtens und Geltenlassens; es ist der *Herzton liebenden Einswissens,* der das Größere spürbar macht: daß wir alle Zellen des lebendigen Menschheits-Organismus sind, Teile einer biologischen, seelischen und geistigen Einheit, in der sich nur wohlfühlt, wer sich als lebendiges Glied des *Ganzen* bejaht und den Blick auf das Übergeordnete, Verbindende, Gemeinsame richtet. Je williger wir das tun, desto harmonischer wird unser Leben und desto stärker fühlen wir uns vom Geist des Ganzen bejaht und gefördert.

32 SELBSTACHTUNG BEWAHREN!

Ob ein Mensch vorwiegend glücklich ist, hängt vom Grade seiner *Glücksbereitschaft* ab, die wiederum Folge rechter *Selbstachtung* ist. Diesen Kausalzusammenhang sollten wir uns zu unserem Besten bewußt machen.

Schon Pascal erkannte, daß das Glück des Menschen in der Achtung besteht: in der Selbstachtung wie in der Achtung der anderen, der, wie Gotthelf ergänzt, „das richtige Gefühl zugrundeliegt, daß alle Menschen hochgeboren sind; denn alle sind Gott verwandt" und haben allen Grund, sich selbst zu achten und die anderen als ihresgleichen zu schätzen.

Diese Erkenntnis wird von der Erfahrung bestätigt, derzufolge einer, der sich selbst achtet, unwillkürlich auch von anderen geachtet wird und, wenn er darüber hinaus zeigt, daß er die anderen gleichermaßen achtet, doppelter Wertschätzung gewiß sein kann. Es ist also nicht nur eine ethische, sondern auch eine lebenspraktische Forderung, daß der Mensch in jeder Lage seine Selbstachtung bewahre. Was heißt das?

Wer sich selbst achtet, wird, ob er unter Menschen weilt oder allein ist, alles lassen, was sein Selbstgefühl mindert. Er wird nicht gering oder schlecht von anderen denken oder sprechen, andere weder hintergehen noch übervorteilen, Versprochenes halten, von ihm ausgelöste Erwartungen anderer nicht enttäuschen, erhoffte Hilfe nicht versagen, sondern sich stets von seiner lichten Seite zeigen, sein Bestes geben, insgesamt im Spiel des Lebens ein guter Mitspieler sein und bei auftauchenden Zweifeln seinem Gewissen folgen.

Den Wenigsten ist bewußt, wie weitgehend Selbstachtung Voraussetzung glücklichen Lebens ist und wie jede Tat, die die Selbstachtung verletzt, das Glücksvermögen herabsetzt.

Der Schlaue, der einen anderen übervorteilt, verliert innerlich an Selbstachtung, was er äußerlich gewann, und untergräbt im gleichen Maße sein Wohlbefinden und Wohlergehen: er gerät zuerst innerlich und schließlich äußerlich aus dem Gleichgewicht und stürzt, wenn er es am wenigsten erwartet.

Zugleich löst er im Gemeinsamen Unbewußten Gegenwellen aus, die im Verhalten der Umwelt Zurückhaltung, Mißtrauen und unbewußte Abneigung bewirken und bei ihm selbst, als Echo, Unsicherheit und Einsamkeit, Friedlosigkeit und innere Dunkelheit zur Folge haben . . . Diesen Folgen entgeht er nur, wenn er bei der nächsten Gelegenheit seine Selbstachtung wiederherstellt, durch rechtes Handeln für Ausgleich sorgt und so seine natürliche Glücksfähigkeit wiedergewinnt.

Selbstachtung fordert von uns, so zu denken und zu handeln, daß wir immer ein *gutes Gewissen* haben. Unserer besseren Natur folgen heißt unbewußt alles zum Besten wenden. Wer so seine Selbstachtung wahrt, sieht in seinem Gewissen seinen Mitwisser und in jedem Menschen einen Spiegel seines guten Gewissens. Und was er alsdann infolge seiner größeren Aufgeschlossenheit für alles Gute erfährt, bestätigt die alte Wahrheit, daß ein gutes Gewissen der beste Schutz vor allem Ungewissen ist.

33 RECHTE GEWOHNHEITEN SCHAFFEN!

Ein Philosoph meinte einmal, *Unglücklichsein sei eine schlechte Angewohnheit;* klüger sei es, sich an Gleichmut, Glücklich- und Erfolgreichsein zu gewöhnen.

Kann man das? Man kann es. Ob ein Mensch zum Betrübtsein oder zum Frohsein neigt, zum Mißerfolg oder Glückhaben, hängt von der vorherrschenden Richtung seiner Gedanken ab. Denn aus seinen Gedanken entstehen durch Wiederholung Neigungen, aus diesen Gewohnheiten, die wiederum das Skelett des Charakters und die Grundtendenz des Lebens bilden.

Nun meint Goethe zwar: „Eine Neigung zu besiegen, ist schwer; gesellt sich aber Gewohnheit wurzelnd allmählich zu ihr, ist sie unüberwindlich." Doch Pascal widerspricht ihm mit Recht: „Die Gewohnheit ist eine zweite Natur, welche die erste vernichtet." In der Tat können schlechte Gewohnheiten und Charakterzüge überwunden werden — durch neue Gewohnheiten.

Thomas von Kempen lehrte und Coué demonstrierte, daß Gewohnheiten nie durch Bekämpfung, wohl aber durch Gewohnheiten beseitigt werden in der Weise, daß man anstelle einer negativen die entsprechende positive Gewohnheit züchtet, an sie denkt, ihr Dasein bejaht, sie ständig betätigt und so durch Übung zu einer Neigung und schließlich zu einem seelischen Automatismus, zur Gewohnheit macht.

Im gleichen Maße verschwindet die frühere negative Gewohnheit — wie ein neuer Nagel, den man auf den Kopf eines alten Nagels setzt und in das Brett hineinschlägt, den alten Nagel hinaustreibt und seine Stelle einnimmt.

So lassen sich alle Glück und Aufstieg hindernden Gewohnheiten durch positive ersetzen, wobei man beim Anfang, nämlich beim rechten Denken beginnt. Denn Denken bereitet das Tun vor, und Tun wird durch Tun leichter: beim siebenten Mal ist eine Geneigtheit entstanden, beim hundertsten Mal eine Gewohnheit.

Hier wenden manche ein, gerade der Anfang sei schwer, weil sie ihre *Gedanken* nicht ändern könnten. Doch gerade dies ist leicht, weil immer nur *ein* Gedanke zur Zeit im Blickfeld des Bewußtseins weilen und weil man diesen Gedanken jederzeit *selbst* bestimmen, d. h. statt eines negativen einen positiven Gedanken festhalten kann. Damit ist der Grundstein der neuen Gewohnheit gelegt, und es gilt nur, das einmal Getane immer wieder zu tun, bis die Umschaltung sich mühelos, von selbst, vollzieht, weil sie zur Gewohnheit ward. Dann erkennt man mit Francis Bacon: „Die Gewohnheit ist es, wodurch unsere Natur völlig umgewandelt und gemeistert werden kann“, und mit ihr das Leben.

Alle Großen und Erfolgreichen waren Menschen, die sich mit der Zeit so viel gute Gewohnheiten anerzogen, daß sie schließlich nicht anders konnten, als positiv zu denken, dynamisch zu handeln und glücklich und erfolgreich zu leben.

34 DEN ERFOLG VORWEGNEHMEN!

„Wir sind in diese Welt gekommen nicht nur, um sie zu kennen, sondern um sie zu bejahen und zu meistern.“ Tagore hat Recht, wenn er im Bejahen das A und O aller Lebenskunst sieht, denn die *bejahende Vorwegnahme* sichert das Gelingen, wie jeder weiß, der diese Kunst beherrscht.

Was die Erfolgreichen auf allen Gebieten des Lebens uns lehren, ist, daß *Erfolg* immer nur das ist, was man *selbst tut,* nicht was andere für uns tun, und daß er, als gesetzmäßiger Vorgang, das ist, was *erfolgt,* wenn einer richtig denkt und handelt. *Richtig denkt,* wer das Gelingen durch weise Planung und gläubige Bejahung im Geiste vorwegnimmt; und *richtig handelt,* wer wirkt, als ob der Sieg schon sein sei. Alles solchermaßen recht Verfolgte hat Erfolg.

Was heißt nun: ‚*den Erfolg vorwegnehmen*‘? Es heißt alle Energien des Geistes auf das Gelingen richten, sich vom Strom des Fortschritts zum Ziel getragen fühlen und die Zielerreichung bejahen im Gewißsein, daß jeder positive Gedanke die Kraft in uns weckt, die seiner Verwirklichung dienlich ist.

Den Erfolg vorwegnehmen heißt den Glauben an das Gelingen von allem, was wir unternehmen, uns durch Übung zur Gewohnheit, zur ersten Natur machen, so daß diese Gewißheit stärker ist als alle negativen Einflüsse von innen oder außen. Und es heißt nicht nur durch unser Denken, Fühlen und Glauben, sondern auch durch unser ganzes Verhalten und Tun unserer Sieggewißheit Ausdruck geben.

Das bedeutet, daß wir allabendlich die planende Vorausgestaltung des neuen Tages mit der Bejahung des Gelingens beschließen, daß wir allmorgendlich den neuen Tag als einen Tag des Glücks und Fortschritts willkommen heißen und daß wir von früh bis spät *alles*, auch das Geringste, *gern tun* – weil von der inneren Führung zu unserem Besten gewollt.

Es bedeutet zugleich, daß wir bei Enttäuschungen und Widrigkeiten nicht mutlos werden, sondern einen Fehlschlag als Wink nehmen, daß *Besseres* auf uns wartet.

Und schließlich bedeutet es, daß wir im Blick auf unsere Lebensziele jeder Eingebung und Weisung von innen folgen, jede auftauchende Sorge oder Schwierigkeit vertrauensvoll der inneren Führung zur Lösung übergeben und uns danach wieder ausschließlich unserer Aufgabe widmen im dankbaren Gewißsein, daß, was dem Ich unerreichbar scheint, dem Geiste in uns möglich ist.

Für den, der solchermaßen das Gelingen im Geiste vorwegnimmt und jeden Augenblick dankbar bejaht: *„Alles ist gut und führt zu noch Besserem!"*, ist jeder Schritt ein Fortschritt.

„Es kommt selten was Besseres", sagt mancher gleich dem Bürger in Shakespeares „König Richard III." und greift verzichtend nach dem Nächstliegenden, obwohl er das Bessere hätte haben können ...

Goethes Motto ist Ausdruck praktischer Lebensweisheit: „Wenn mir eine Sache mißfällt, lasse ich sie liegen oder mache sie besser." Daraus läßt sich zumindest die wertvolle Einsicht ableiten: Wenn ich vor einer Wahl oder Entscheidung stehe, will ich bedenken, daß es mindestens *zwei* Möglichkeiten gibt, und die *bessere* ergreifen!

Und welche ist die bessere: Boßhardt macht uns bewußt, worauf es ankommt: „Man sollte nicht das Gescheitere tun, sondern das Bessere." Das heißt: man muß nicht zuerst den Sinnen folgen, sondern sich nach innen wenden, nicht zuerst auf den Kopf, sondern auf das *Herz* hören, um *der Bessere zu sein,* der aus rechter Besinnung und Gesinnung das Beste wählt und tut.

Wir haben nämlich in Wirklichkeit in jedem Augenblick aufs neue die *Wahl* zwischen zwei Wegen, von denen der eine der bessere ist, und die *Aufgabe,* unserem Instinkt für das Rechte zu folgen und das Beste zu ergreifen. Vor allem, wenn wir versagten und gefallen sind, gilt es aufzustehen und sogleich den besseren Weg einzuschlagen. Indem man das Bessere tut, macht man den Fehler gut.

Und wenn wir die Dinge und Umstände nicht unmittelbar bessern können, bleibt uns immer noch die Möglichkeit mittelbarer Wandlung, indem *wir selbst* besser werden: besonnener und gelassener, gütiger und weiser.

Die Folge ist, daß, wenn wir uns umstellen und bessern, auch die Umstände sich zum Bessern wenden. Das ist der Sinn des Sprichworts: Wähle das Bessere und tue das Gute, dann gibst und erreichst Du Dein Bestes!

Das ist leicht zu begründen: wie jeder von uns, nach einem Wort Humboldt's, „einen *besseren Menschen in sich trägt*, der sein eigentliches Selbst ausmacht", so trägt jeder Umstand und jede Situation eine *bessere Möglichkeit* in sich, auf die hin sie eigentlich angelegt sind.

Wir brauchen also nur nach dem Besseren Ausschau zu halten und den ‚besseren Menschen in uns' sich auswirken zu lassen, dem Geiste in uns zu folgen, um zu den Höhen des Daseins aufzusteigen und mehr und mehr im Licht zu leben.

36 MUT IM HERZEN TRAGEN!

Die meisten Menschen empfinden wie Schiller, der in einem Brief an Goethe bekannte: „Gegen eine Stunde des Mutes und Vertrauens gibt es immer zehn, wo ich kleinmütig bin." Es dürfte schwer sein, einen Menschen zu finden, der allezeit gleichmütig und gleich mutig ist. Nicht schwer aber ist es für jeden von uns, durch Selbstbejahung und Selbstermutigung dahin zu wirken, daß die Zeiten guten Mutes ständig zunehmen und die Stunden des Unmuts und Kleinmutes immer seltener werden.

Denn es ist ja nicht so, daß wir entweder ängstlich oder mutig sind. Feigheit und Tapferkeit sind vielmehr, wie La Rochefoucauld klarstellt, „zwei Extreme, die man selten erreicht". Der Raum zwischen beiden ist weit und enthält viele Arten und Stufen des Mutes." Und wer sich an positives Denken und wagewilliges Handeln gewöhnt, nimmt zu an Mut, Kraft und Erfolg.

Mit anderen Worten: Auch der Mut ist eine *Gewohnheit,* die durch Wiederholung immer stärker und schließlich zum beherrschenden Charakterzug wird. Wer sich im Kleinen übt und gewöhnt, über kraftraubende Zweifel hinwegzuspringen und im Vertrauen auf die Hilfe von oben eben das zu tun, wovor er sich fürchtete, der entdeckt, wie ihm die Kraft zuwuchs und das Unwahrscheinliche möglich wurde.

Das ist nicht verwunderlich, denn die Dinge und Umstände richten sich nach unserer Einstellung; und wer sich selbst und das Leben bejaht, hat zehnmal mehr Aussicht, sich zu bewähren und durchzusetzen, als der, der mit Zweifeln ans Werk geht.

Daher rührt es, daß, wie Seneca sagt, manchmal sogar „die Furcht kühn macht und die Angst vor dem Tode auch den Untüchtigsten ins Treffen jagt und zum Siege führt", weil die innere Umschaltung auf Mut selbst auf die Gefahr des Untergangs hin allen Dingen und Umständen ein positives Vorzeichen gibt.

Ebenso hat der Recht, der angesichts einer Gefahr sagt: „Jetzt gehe ich erstmal mit Mut ans Werk, ängstigen kann ich mich hinterher", weil er, wenn er statt der Angst den *Mut voranstellt,* bewirkt, daß das Glück sich ihm stellt statt des Unglücks.

Diese und andere Erfahrungen lehren, daß wir in Wirklichkeit *alle viel mehr Mut besitzen,* als wir ahnen. Der Mut, dessen wir uns bewußt sind, ist nur ein Bruchteil unseres *latenten Mutes,* der in uns darauf wartet, vom Schicksal hervorgelockt zu werden . . .

Lernen wir, diesen schlummernden Mut durch Selbstbejahung zu wecken und zu entfalten, dann erweist sich der Mut als eine Kraft, die durch Bejahung und Übung ständig zunimmt.

Lernen wir, dem Rat zu folgen: „Selbst wenn die Hoffnung flieht, laß Dir den Mut nicht entweichen; Hoffnung täuschet uns oft; *Mut ist der Atem der Kraft.*“ Jede mutige Haltung führt zu positiver Schicksals-Schaltung und zum Wachstum der inneren Kraft.

37 AN BEHARRLICHKEIT ZUNEHMEN!

„Meine Kraft reichte nicht aus, um mein Ziel zu erreichen“, klagt mancher und gab auf, wo er noch alles gewinnen konnte. Er sah nicht, daß er auf einfache Weise mehr Kraft frei machen und entfalten konnte: durch *Beharrlichkeit.*

Der Mensch ist keine Maschine, kein *Mechanismus,* der nur ein bestimmtes Maß an Energie entfalten und verwerten kann, sondern ein *Dynamismus,* der seinen Energie-Einsatz den jeweiligen Aufgaben und Bedingungen anzupassen vermag und über Energiereserven verfügt, die im Maße seiner Beharrlichkeit zunehmen.

Lebenserfahrung und Lebensweisheit lehren, daß Mut gut ist, aber erst Beharrlichkeit ihm das Vermögen rechter Durchsetzung verleiht. Denn Beharrlichkeit bringt den Strom der Innenkraft zu stetig stärkerem Fließen und hilft so, über tote Punkte, Stockungen und Gegenströmungen hinwegzukommen.

Der weniger Beharrliche überwindet im ersten Anlauf vielleicht fünf Hindernisse und kapituliert vor dem sechsten. Der Beharrliche ermüdet nicht, sondern meistert auch die folgenden und macht mit dem zehnten Schritt möglich, was bisher jeder für unmöglich hielt.

Wer seine Energie und Durchsetzungskraft erhöhen will, braucht nur an Beharrlichkeit zuzunehmen. Beharrlichkeit ist nicht Eigensinn: denn während dieser zielblind ist, darum seinen Weg nicht kennt und an den Hindernissen zerbricht, ist jene zielgerichtet, ihres Weges gewiß und den Hindernissen gewachsen. Denn Beharrlichkeit gibt Geduld und macht duldsam. Sie klagt nicht über das, was ihr widerfährt und entgegensteht, sondern bejaht ihr Vermögen, es zu meistern und um seine Kraft zu wachsen. Sie sorgt sich nicht, sondern vertraut darauf, daß die Kraft, die sie bisher trug, sie auch ans Ziel tragen wird.

Einer der sieben Weisen von Griechenland, *Bias*, prägte den Satz: „Hast Du ein Unternehmen vor, so gehe mit Bedacht ans Werk; was Du aber erwählt hast, das verfolge fest und beharrlich, denn Beharrlichkeit überwindet alles und bildet die Welt."

Mit der Stetigkeit der Zielkonzentration wächst die innere Wachheit und Hellsichtigkeit für alles Fördernde, die Lustbetontheit der Energieentfaltung und damit das Leistungsniveau.

Zugleich erhöht die Beharrlichkeit die Fähigkeit der Einfühlung und die Einsicht und damit wiederum die Glückskraft — und zwar nicht in arithmetischer, sondern in geometrischer Reihe: sie nehmen weit schneller zu als die Ausdauer; wenn diese sich verdoppelt, vervierfacht sich das Vermögen erfolgreicher Lebensmeisterung.

So gilt von der duldsamen Geduld der Beharrlichen,

was Christus in der Bergpredigt den Sanftmütigen verhieß: daß sie „das Erdreich besitzen werden“, weil ihre Beharrlichkeit sie überwinden, ihr Durchhalten sie alles gewinnen läßt.

38 AUCH KLEINIGKEITEN SCHÄTZEN!

So mancher möchte gern ‚große Dinge vollbringen‘ – und zerbricht an kleinen, weil er übersieht, daß das Leben sich aus Kleinigkeiten zusammensetzt, die es richtig einzuschätzen und auszuwerten gilt. Gerade an ihnen zeigt und entwickelt der Mensch seinen Charakter – und nur, wenn er sich im Kleinen bewährt, wird er auch die großen Dinge und Aufgaben meistern.

Wenn Stendhal sagt, daß „die meisten Menschen einen Moment in ihrem Leben haben, wo sie große Dinge tun könnten“, spricht er damit nur die halbe Wahrheit aus. In Wirklichkeit haben sie solche Momente sehr oft – nur erkennen sie sie selten, weil sie nicht gelernt haben, auch die kleinen Dinge zu beachten und die Schicksalswinke, die sie geben . . .

Zur rechten Schätzung und Meisterung der kleinen Dinge sind keine großen Gaben nötig, sondern nur wache Aufmerksamkeit und guter Wille. Mancher Hochbegabte, der sich für große Dinge begeisterte und zeitweise Bedeutendes vollbrachte, scheiterte am Ende, weil er die kleinen Dinge der Beachtung für unwürdig hielt, indes Unbedeutende stetig vorankamen und ihn schließlich überflügelten, weil sie auch Kleinigkeiten positiv sahen und sie in Stufen des Glücks verwandelten.

„Wenn man den Dingen ins Gesicht sieht und sie aufrichtig behandelt, ist nichts negativ, sondern *alles ist positiv*", sagt einer meiner Freunde mit Gottfried Keller und fügt hinzu, daß das Glück selten faßweise, sondern zumeist tropfenweise komme und daß, wer auf die Tropfen achtet, oft verborgene Quellen entdeckt und unversehens Großes erreicht.

Er folgt darin Goethe, dessen Wort „Auch das kleinste Haar wirft seinen Schatten" besagt, daß, wer auch die Kleinigkeiten schätzt, deshalb weder ein kleiner noch ein kleinlicher Geist zu sein oder zu werden braucht, im Gegenteil: „Die größten Menschen, die ich gekannt habe, die Himmel und Erde vor ihrem Blick frei hatten, waren demütig und wußten, was sie zu schätzen hatten" – nämlich das Kleine, hinter dem es das Größere zu erspähen gilt.

Wer gelernt hat, Kleinigkeiten richtig einzuschätzen, wird auch die größeren Gelegenheiten erkennen und den sicheren Grund dazu legen, daß sein Leben als Ganzes glück- und erfolgreich wird. Denn aus der Beachtung der kleinen Dinge erwächst das Gespür für den großen Trend des Schicksals und daraus die rechte Voraussicht und Vorwegnahme kommender Chancen.

Während der Unweise in seiner Kurzsichtigkeit oft große Dinge klein macht, macht der Weise die kleinen groß. Indem er sie schätzt, wandelt er *Kleinigkeiten* in *Kleinodien* der Lebenskunst: er gewahrt in den kleinen das Glitzern der größeren Dinge, während die sich dafür zu groß Dünkenden infolge ihres Dünkels nur Dunkel sehen und die kleinen wie die großen Glücksmöglichkeiten verkennen.

39 AN DAS GLÜCKBRINGENDE GLAUBEN!

Viele Menschen schleppen Ängste und Hemmungen mit sich herum, die aus abergläubischen Vorstellungen, negativen Voraussagen und ähnlichen Fremdsuggestionen hervorgegangen sind und heimliche Unruheherde im Gemüt bilden. Der Psychologe hat oft Gelegenheit, sich zu wundern, wieviele Entscheidungen im Leben von solchen tiefwurzelnden Fehlvorstellungen bestimmt werden — und welche falschen Voraussetzungen ihnen zugrundeliegen.

Oft sind die Zusammenhänge ähnlich wie bei dem Aberglauben, daß „*Spinnen* am Morgen Kummer und Sorgen bringen". In Wirklichkeit bezieht sich das Wort auf die einstige Erfahrung, daß, wer schon frühmorgens am *Spinnrad* sitzen mußte, zu den Armen gehört, bei denen Mangel und Kummer zu Hause sind.

Doch es geht hier nicht um Sinn und Unsinn oder um das Für und Wider des Aberglaubens, ist doch, wie Adalbert *Stifter* einmal sagte, selbst „der Aberglaube immer noch schöner und kräftiger als die sieche Kraftlosigkeit des Unglaubens, des Indifferentismus, der bei den Worten Gott, Unsterblichkeit, Ewigkeit nichts denkt und fühlt."

Sondern es geht um etwas viel Einfacheres und Nützlicheres, nämlich um die Tatsache, daß jede Hinwendung der Gedanken auf Negatives oder Positives die *anziehende Kraft des Geistes* aktiviert und dazu beiträgt, daß das Befürchtete oder Erhoffte eintritt.

Im Blick hierauf riet Wilhelm von *Humboldt*, bewußt nur *an gute* Vorbedeutungen zu glauben. „Damit ist schon viel gewonnen. Und der Aberglaube selbst ist nützlich soweit, als er uns im Vertrauen bestärkt. Denn die Dinge nehmen meistenteils die Farbe der Seele an"; sie sind das Echo unserer Einstellung.

Das bedeutet praktisch, daß jede Bejahung guter Vorbedeutungen und Vorgefühle die Bereitschaft und Fähigkeit erhöht, das Gute im Schicksalsgeschehen zu erspähen und zu ergreifen. Sie steigert zugleich die Vorsicht und Voraussicht bis zur Ahnung und weisen Beachtung des Willens der Vorsehung. Andererseits kann die Wirkung jeder negativen abergläubischen Gefühlsregung dadurch aufgehoben werden, daß man bei allem, was geschieht, bejaht: „Das bringt mir Glück!"

Gewöhnen wir uns darum, statt schwarz zu sehen und Übel in Gedanken vorwegzunehmen, *unserem Glück zu vertrauen* und damit jenen echten Realismus zu beweisen, der zur Realisation des Bejahten führt. Dann wird die steigende Zahl erfreulicher Fügungen und Schickungen allmählich zum Fundament echten Glaubens an die *Macht des Guten* und an unser *Geborgensein* im Schoße des Lebens.

Wer sich gewöhnt, in allem gute Vorzeichen zu sehen und bewußt im Licht zu leben, der arbeitet Hand in Hand mit der wohltätigen Macht der Vorsehung und bewirkt, daß ihm mehr und mehr alles zum Segen gereicht.

40 DAS GLÜCK SCHMIEDEN!

Von einem Pechvogel sagt man, er sei ‚*dem Unglück ausgesetzt*'. Eine Analyse seiner Mißgeschicke macht jedoch deutlich, daß er in Wirklichkeit – wie einer, der bei Regen ohne Schirm ausgeht – *sich selbst* der Unbill aussetzte – und daß er sich genau so *den Glücksfällen aussetzen*, sich allem Guten aufschließen und ein Glückskind sein könnte: durch Hervorkehrung nicht der dunklen, sondern der *lichten* Seite seines Wesens.

Auf seinen Einwand, daß er glücklich *sein* werde, wenn er erst einmal Glück *habe*, ist zu sagen, daß er Ursache und Wirkung verwechselt. Das Glückhaben hängt nämlich vom Glücklichsein ab, nicht umgekehrt. Erst innen, dann außen!

Im Wort ‚glücken' – *‚es glückt mir'* – zeigt sich noch deutlich das Bewußtsein, daß die lichten Züge unseres Wesens und unser positives Wirken darüber entscheiden, daß das, was wir tun, zum Guten ausschlägt.

Zu diesen lichten Zügen gehören inneres Wachsein, Aufgewecktheit, Geistesgegenwart, Mut, Beharrlichkeit, Schicksalsvertrauen und andere positive Eigenschaften eines innerlich sonnigen bejahenden Geistes. Sie sind es, die alle Umstände und Zufälle des Daseins positiv laden und in Glücksfälle verwandeln.

Wer innerlich aufgehellt, heiteren Herzens ist, zieht alles Lichte und Glückbringende im Leben als ihm verwandt und gemäß an. Und da er infolge seiner inneren Lichtheit besser sieht, weiß er seine Chancen auch zu erkennen und zu packen und sein Glück zu schmieden.

Schon ein einziger lichter Zug unseres Wesens kann unerwartet Quellen des Lebensglücks zum fließen bringen. Es lohnt sich also, eine Inventur unserer positiven Eigenschaften vorzunehmen, sie zu pflegen und auszubauen; denn sie bewußt entfalten und mehren heißt unsere Anziehungskraft auf alles Höherführende richten und damit unsere Glücksaussichten vergrößern.

Das meint der Philosoph, wenn er sagt, Glück sei eine Frage des *Charakters.* Denn die positiven Charakterzüge sind es, die uns befähigen, Zufälle in Glücksgelegenheiten zu verwandeln und sie segenbringend zu nützen.

Glückhaben hängt vom Glücklichsein ab, und dieses wieder ist das Produkt der lichten Kräfte unseres Wesens. Je bewußter wir sie pflegen, desto mehr Glücksfälle ziehen wir an, desto leichter erkennen wie sie und desto erfolgreicher vermögen wir sie zu nützen.

So heißt glücklich leben im Lichte leben: aus den lichten Kräften unseres Wesens.

41 DAS SCHWERE LEICHT MACHEN!

Die meisten sprechen von einem *Schicksalsschlag* wie von etwas Übermächtigem, dem der Mensch wehrlos gegenübersteht. Die wenigen werten ihn als *Ritterschlag,* der nach bestandener Mutprobe die Überlegenheit des Geistes besiegelt und dazu führt, daß das scheinbar Widrige zum Segen ausschlägt. Machen wir uns klar, was das für uns bedeutet:

Nach *Hilty* besteht das Glück des Lebens nicht darin, daß man wenig oder keine Schwierigkeiten hat, sondern darin, daß man sie im Bewußtsein inneren Stärkerseins meistert. *Lichtenberg* stimmt ihm zu: „Das Wort ‚Schwierigkeit' sollte für einen Menschen von Geist gar nicht als existent angesehen werden. Weg damit!" Er wußte, daß Gesicht und Gewicht der Dinge und Geschicke nicht von ihrer Gestalt, sondern von unserer *Einstellung* abhängen. Wir *machen* sie erst zu dem, wofür wir sie halten!

Während Unmut und Abwehr selbst das Leichte schwer machen, macht Lebensmut alles Dunkle und Schwere licht und leicht. Bejahen wir, daß es nur *eine* Schicksalsmacht gibt, den Geist des Lebens, der *in uns* ist und alles trägt und erhält, dann sind und bleiben wir allem überlegen.

Es gibt in Wirklichkeit nichts Widriges und Feindliches, sondern nur Belehrungen und Weisungen. Wer alles, was kommt und geschieht, als Höherweisung annimmt, selbst vermeintliche Feinde gelassen als Lehrer bejaht, der schreitet über alles Widrige hinaus aufwärts. Er wird staunen, wieviel er bei dieser Einstellung lernt und gewinnt.

Schließlich wird er alles, was ihn trifft, willkommen heißen, weil es ihn *trefflicher* macht: er wird Schwierigkeiten nicht mehr mit Stirnrunzeln und innerer Abwehr, sondern mit dem Aufwärtsziehen der Mundwinkel, also mit freundlichem Lächeln beantworten, das aus dem Gewißsein der Überlegenheit des Geistes in ihm erwächst.

Die Folge ist, daß das, was er anlächelt, ihm statt der dunklen seine lichte Seite zukehrt und, statt ihn zu hindern, ihn fördert.

Zu den wertvollsten Lebenslehren gehört die erfahrungsgeborene Wahrheit, daß alles Schwere sein Gesicht wandelt, wenn wir, statt ihm mit Unmut und Angst, Unwillen und Widerstand zu begegnen, es als Höherweisung bejahen und es – *segnen.* Die drei magischen Worte: *„Ich segne dich!“* ändern seine Wertung und Wirkung so völlig, daß es für uns in jedem Fall zum Segen wird.

Solche Segnung führt zuerst zur Selbstbefreiung von

allen niederziehenden Gedanken und Gefühlen, und in der Folge dazu, daß die innere Kraft aufbricht und alles Widrige in Stufen wandelt, über die hinweg wir lichtwärts steigen.

42 RECHTEN ABSTAND HALTEN!

Ob andere Wesen, Dinge und Verhältnisse für uns zu Quellen der Freude und Zufriedenheit oder zu Brutstätten der Qual und Not werden, hängt nicht von den *Umständen* ab, sondern von dem *Abstand,* den wir zu ihnen einnehmen.

Was allzu nahe steht, läßt uns über den vergrößert, vergröbert und verzerrt geschauten Einzelzügen nicht mehr die Harmonie des Ganzen erkennen und aus falscher Sicht ungerecht urteilen. Ebenso kann zu großer Abstand Ursache von Mißständen werden, während *rechter Abstand* dazu führt, daß alles wohl steht.

Wie man ein Kunstwerk nur aus rechtem Abstand beurteilen kann – nicht zu dicht, so daß man nur Farbpunkte ohne Zusammenhang wahrnimmt, und nicht zu weit weg, so daß die einzelnen Feinheiten unerkennbar werden! –, so gilt es, auch zum Kunstwerk des Lebens den rechten Abstand einzuhalten, um jedes Einzelne recht zu sehen und ihm gerecht zu werden. Weise lebt, wer mit den Wesen, Dingen und Umständen wie mit Kunstwerken oder Büchern wählerisch umgeht, ihnen ihren Stand und Abstand zuweist, so daß sie weder durch ihr Gewicht noch durch ihr Fernsein bedrücken, und nur jene auf sich wirken läßt, die wechselseitig bereichern und beglücken.

Das ist nicht möglich, wenn man sich von der Umwelt absondert und, dem Egoismus frönend, sein Wesenskraftfeld isoliert und einengt; rechter Abstand geht vielmehr mit rechter Aufgeschlossenheit für die Umwelt einher und führt zum Austausch positiver Kraft. Nächstenliebe ist keine Frage der Nähe, sondern des rechten Abstands, der allein rechtes Verständnis ermöglicht. Wenn ein anderer uns lästig ist, ein Umstand uns abstößt, fehlt uns der rechte Abstand und die rechte Sicht.

Wohlgemerkt: nicht der *äußere* Abstand ist gemeint, sondern der *innere*. Denn hinter allen äußeren Erscheinungen, stofflichen Dingen und Umständen stehen *unstoffliche Kraftfelder*, die sich mit unserem eigenen Wesenskraftfeld berühren, wobei das Gefälle zwischen den verschiedenen Feldstärken positive oder negative Empfindungen und Reaktionen auslöst.

Rechter Abstand bewirkt, daß unser Gravitationsfeld durch positive Abstimmung mit anderen Kraftfeldern harmoniert und durch sie nicht gemindert, sondern verstärkt wird. Je lebendiger wir dabei unser Wesenskraftfeld vom göttlichen Allkraftsender her geleitet und gespeist fühlen, desto besser sind wir gegen negative Feldströmungen gesichert und fähig, in jeder Lage den rechten, harmonieverbürgenden Abstand einzuhalten.

Den rechten Abstand gewinnen wir, wenn wir nach *innen* blicken und von innen her leben, oder wenn wir uns an *Bejahung* gewöhnen: sowie wir zu etwas, das wir bislang verneinten und abwehrten, willig Ja sagen, gewinnen wir mit dem rechten Abstand das rechte Verhältnis und Verhalten und wandeln Weh in Wohl, Leidiges in Liebenswertes.

Wie der Liebende um das reicher wird, was er liebt, so erhöht jede Bejahung die Eigenschwingung unseres Wesenskraftfeldes, erweitert es um die der liebend bejahten Wesen, Dinge und Umstände und mehrt zugleich die Macht aller lichten Kräfte des Lebens.

43 FEHLERN GERECHT WERDEN!

„Nicht Fehler bemängeln und beklagen, sondern ihnen gerecht werden!" fordert ein Menschenkenner, der Goethe's Wort als wahr erfuhr: „Von Natur besitzen wir keinen Fehler, der nicht zur Tugend, und keine Tugend, die nicht zum Fehler werden könnte."

Keine Angst vor Fehlern! Sie gehören zum Leben und Fortschritt und sind so notwendig wie der Regen. Fehler, die wir haben oder machen, zeigen, daß wir wachsen und lernen sollen; sie sind Hinweise auf schlummernde Vollkommenheiten und darum nicht negativ, sondern positiv zu werten — als Anstöße, bewußter zu handeln und wacher und wachsamer zu leben.

Einen Fehler unterdrücken oder bekämpfen heißt zu einem alten einen neuen Fehler hinzufügen. Denn Widerstand verschlimmert das Übel. Überwunden wird es durch Bejahung der entgegengesetzten positiven Kraft und Tugend, auf deren Vorhandensein es — als bloß negativer Wert — ja hinweist und der es weicht, sowie die Tugend durch Betätigung entfaltet wird. Dies meint Christi Rat: „Widerstehe dem Übel nicht", sondern besiege es kampflos durch mutige Betätigung der gegenteiligen Eigenschaft!

Wenn wir schon auf einen Fehler sehen, sollten wir

tiefer sehen, ihn als negative Umhüllung eines positiven Kerns erkennen und durch die dunkle Außenhülle zum lichten Innenwesen vordringen: zur *Tugend,* die Tat werden will und durch Vertrauen, Bejahung und beharrliche Betätigung aktiviert und zur beherrschenden Gewohnheit erhoben wird.

Tugend, die getan wird, offenbart sich schließlich als Tauglichkeit und Tüchtigkeit.

Hier gibt es kein ‚*Ich kann nicht*'. Denn was wir bejahen, das *können* wir auch, weil mit der Bejahung die Kraft zur Verwirklichung in uns aufspringt. Wenn dazu das Vertrauen zur inneren Führung und zur Hilfe von oben kommt, verkürzt sich der Weg vom Fehler zur Tugend. Der frühere Fehler verschwindet dabei von selbst, wie ein Schatten zu nichts wird, wenn Licht aufflammt ...

Werten wir darum mit Grillparzer „jeden Fehltritt als verfehlten Tritt, den man zurückzieht und besser macht": wir bleiben nicht erschrocken oder beschämt, verärgert oder selbstanklagend stehen, sondern nehmen eine Blick- und Schrittwendung um 180 Grad vor, bis statt des Fehlers die entgegengesetzte Tugend als Ziel vor uns steht und, wenn wir mutig und vertrauend auf sie zugehen, durch unser eigen Tun unser Eigentum wird!

Dann wird uns bewußt, daß die Gewohnheit, Fehler zu sehen, uns den Blick für die größeren Tugenden trübte, die in uns stecken wie in jedem Menschen. Wir werden nun dem Fehler gerecht und sehen alles mit neuen Augen: statt mit den kurzsichtigen Augen des Ich mit dem Lichtauge Gottes, der uns und alle Wesen *vollkommen* schuf. Das ist eine Tatsache, die alle Fehler und Mängel nicht zu ändern vermögen, sondern die heute so wahr und wirklich ist wie am Beginn allen Werdens und am Ende aller Zeiten.

Wenn uns einmal aufgegangen ist, daß in uns Licht und Vollkommenheit herrscht, werden wir hinter allem Dunklen und Häßlichen mit frohen Augen Helle und Schönheit entdecken. Denn wer im Licht steht, sieht kein Dunkel mehr und weiß sein Innerstes von Schatten frei.

44 WIDERSTÄNDEN STANDHALTEN!

So viele klagen über *Unzulänglichkeiten und Widerstände,* werten sie als feindlich und quälen sich ab, ihnen zu entgehen oder sie kämpfend abzuwehren. ... Doch je erbitterter sie widerstehen, desto widriger wird das Leben.

Anders die Weisen, die das Leben als Schule bejahen: sie sehen in äußeren Unzulänglichkeiten Fingerzeige auf Schwächen im eigenen Innern, in Widerständen Hinweise auf den eigenen Zustand und auf Mängel im Wesen, die es durch bewußte Entfaltung positiver Kräfte auszumerzen gilt.

Alles ist auf Wachstum und Fortschritt angelegt. Stillstand ist Rückgang. Nur ein rollendes Rad setzt keinen Rost an. Wer diesem Drang zur Dynamik und Zug nach oben folgt, der verwandelt die gleichen Widerstände, die die Unweisen stolpern und stürzen lassen, in Stufen, die ihn höher führen.

Das aller Materie eigene Trägheitsgesetz läßt uns leicht in den statischen Zustand der Gleichgültigkeit und des Stillstands abgleiten. Anstöße und Widerstände sorgen dann dafür, daß wir dynamisch und produktiv bleiben. Sie bergen neue Erkenntnisse und Gewinne; doch nur der Weise, der ihnen *gelassen standhält,* hebt den verborgenen Schatz.

Statt sich zu ent-rüsten und durch Widerstehen zu schwächen, ruht er in sich, *hält seinen Stand,* vertraut der inneren Kraft und bewirkt, daß, was ihn trifft, ihn trefflicher macht, sein Können erhöht, seine Macht und sein Vermögen mehrt.

Wer eine Not als *notwendig* erkennt, hat die *Notwende* bereits eingeleitet und die Überwindung gesichert. Doch nur der *Gelassene* überwindet, indes der Ungelassene durch sein Abwehren die eigene Kraft mindert, die des Widerstands erhöht und schließlich an ihm zerbricht . . .

Weil dort, wo Gewalt recht hat, das Recht keine Gewalt hat, sorgt der Gelassene durch Nichtwiderstehen, daß die Macht der Gewalt an sich selber zerbricht. Indem er den Ewigen durch sich walten läßt, wächst er über alle Gewalt hinaus.

Er gleicht dem Wasser, das die Härte des Felsens durch Beharrlichkeit besiegt. Demütig, geduldig standhaltend, weiß er um die Stärke der Schwachen und um die Schwäche der Mächtigen. Wo immer Gewalt und Geist sich begegnen, erweist sich die Überlegenheit des Geistes.

Schon das Gewißsein, daß wir als *Kinder Gottes* Träger höchster Macht und darum allem Äußeren überlegen sind, sollte uns Unzulänglichkeiten und Widerständen gegenüber gelassen lächeln lassen. Was Gelassenheit bedeutet, kann uns Angelus Silesius lehren:

„Rein wie das feinste Gold,
fest wie ein Felsgestein,
Ganz lauter wie Kristall
soll Dein Gemüte sein.
Wer unbeweglich bleibt
in Freud' und Leid und Pein,
Der kann fürwahr nicht weit
von Gottes Gleichheit sein."

Mit dieser gelassenen Haltung des sich im Ewigen geborgen Wissenden werden wir in allen Lagen und unter allen Bedingungen stets das Rechte tun, das Bestmögliche erreichen und unser Leben meistern. Denn dann ist unser Blick und unser Denken, unser Wollen und Tun auf das *Wesentliche* gerichtet: unser ständiges Wachstum und Vollkommenerwerden. Indem wir so denken, machen wir jeden Widerstand zum Diener unserer Vollendung.

45 DRUCK DURCH SOG LÖSEN!

Viele leiden unter dem lastenden Überdruck quälender Probleme; ihr Bewußtsein ist bis obenhin mit Sorgen angefüllt, die sie niederdrücken und nicht mehr aufatmen lassen ... Und doch könnten sie ihre Sorgen los werden und zu Kraft und Lebensfreude finden, wenn sie sich das Gesetz des Vakuums dienstbar machen und den Druck durch Sog zu lösen lernen.

Wie das? Die Natur duldet kein Vakuum, sondern sucht jeden leeren Raum durch Füllung zu beseitigen. Wenn wir einen luftleer gepumpten Schlauch oder eine Glühbirne öffnen, strömt infolge des Außendrucks in den Raum mit Unterdruck sofort Luft hinein. Dieses physikalische Gesetz kann auch im seelischen Bereich angewandt werden:

Wenn Sorgen uns zu Boden drücken, legen wir uns hin, entspannen Körper und Gedanken, gehen in die Stille und entleeren unser Bewußtsein von allen Sorgegedanken und Mißgefühlen, lassen sie ins Dunkel des Unbewußten entsinken und geben uns ganz dem inneren *Leersein* hin, so für einen entsprechenden Unterdruck sorgend.

Sodann stellen wir uns bejahend auf die infolge des Sogs nun in uns einströmende *Kraft von oben* ein und fühlen förmlich, wie wir von ihr erfüllt werden.

Je mehr düstere, bedrückende Gedanken der Not und Sorge wir aus unserem Bewußtsein entlassen, desto mehr Helle und Lebenskraft strömt von innen her nach. Und mit ihr neuer Mut.

Für den Erfolg entscheidend ist, daß wir im Augenblick des Leerseins, in dem wir die Kraft von oben in uns einströmen fühlen, das stärkste Wunschbild, dessen Erfüllung wir ersehnen, im Geiste anschaulich gestalten und seine Verwirklichung so gefühlsstark bejahen, daß die einströmende Kraft unwillkürlich von diesem lebendigen Erfolgsbild angezogen wird und auf seine Vergegenständlichung hinwirkt.

Wenn wir so im Geiste das Stahlgerüst des Erfolgsgebäudes errichtet haben, sorgt die Kraft von oben für den Zustrom der nötigen Baumaterialien, wobei der weitere Ausbau des im Geiste Vorweggenommenen in die äußere Sichtbarkeit mit einer Geschwindigkeit erfolgt, die dem Maße unserer gläubigen Bejahung und unseres Vertrauens zur inneren Kraft proportional ist.

Durch diese positive Anwendung des Vakuumgesetzes können wir jeden seelischen Stau oder Überdruck in Sog verwandeln und durch dessen rechte Nutzung innere und äußere Umstellungen auslösen, die das Schwinden unserer Sorgen und das Beglücktwerden durch eine wachsende Zahl segenbringender Erfahrungen zur Folge haben.

Wer es ausprobiert, wird es erfahren; und wer es einmal erfahren hat, wird sich dieses Verhalten zur Gewohnheit machen.

46 TOTE PUNKTE ÜBERWINDEN!

Wer hat es nicht schon erlebt, daß er sich plötzlich an einem toten Punkt sah, von dem lähmenden Gefühl erdrückt, nicht weiter zu können. Wer dabei ins Grübeln gerät, findet sich bald in einem Irrgarten, in dem er an jeder Wegabzweigung neuen Zweifeln und schließlich der Verzweiflung erliegt ...

Und doch könnte er sich selber helfen und den ‚toten Punkt' in einen ‚festen Punkt' verwandeln, von dem aus er Unvermögen und Angst aus den Angeln heben und erfolgreich weitermachen kann:

Den Bann des Nicht-Könnens bricht er nämlich dadurch, daß er – gleich einem Bach, der, auf ein Hindernis stoßend, einfach *weiterströmt* und den Widerstand umgeht oder wegspült – unbeirrt *weitermacht* mit der die innere Kraft freisetzenden Bejahung: „Ich handle so, *als ob* ich könnte!"

Sowie er, statt am toten Punkt grübelnd zu stocken und zweifelnd stehen zu bleiben, weiterschreitet mit der

Einstellung, *als ob es leicht sei,* der Schwierigkeit Herr zu werden, entdeckt er, daß ihm aus solchem ‚Tun als ob' tatsächlich neue Kräfte zuwachsen.

Das ist psychodynamisch leicht erklärbar: durch jedes Handeln, *als ob er könnte,* werden Leistungshemmungen im Unbewußten entriegelt, so daß bisher gestaute Energien sich lösen und blockierte Fähigkeiten sich entfalten können. Zugleich erfährt er dabei, wieviel Auftrieb dieses Freiwerden der inneren Kräfte mit sich bringt und wieviel nun möglich wird, was gerade eben noch unerreichbar schien . . .

Wer das einmal erfahren hat, der wird die einfache Methode der Energie- und Leistungs-Mobilisation durch solches ‚Tun, als ob er könnte', in immer neuen Situationen auf allen Gebieten des Lebens mit dem gleichen Erfolg anwenden.

In der Tat ist das ‚Tun als ob' ein sicherer Weg im täglichen Leben und Beruf, tote Punkte beim Schaffen und Vorwärtskommen zu überwinden:

Das hemmunggeborene Gefühl des Unvermögens, der Schwäche oder Ohnmacht, das zum toten Punkt führte, wird weggeschwemmt und den gestauten Kräften wird ein neues Strombett geschaffen. Zugleich werden durch den so erreichten *neuen Schwung* zusätzliche Energiereserven frei gemacht und mit ihrer Hilfe besondere Leistungen ermöglicht.

So kommt es, daß der, der diesen Weg geht, mit jedem neuen Schritt über tote Punkte hinweg abermals größere Kräfte und Fähigkeiten in sich wach werden fühlt, die ihn ständig höher tragen.

Es gibt kein allgemeines Rezept zu glück- und erfolgreicher Lebensführung für alle. Denn jeder ist ein *Eigener* und muß seinen *eigenen Weg* zur Höhe erkennen und gehen. Aber es gibt Hilfen auf dem Wege, die den Menschen wacher machen, ihn sich selbst und seinen Weg besser erkennen lassen und ihm das Vorankommen auf seinem Wege zur Selbstverwirklichung und Sinnerfüllung seines Lebens leichter machen.

Zu diesen Hilfen, wie sie hier vermittelt werden, gehört jene mutmachende Erkenntnis, der ein Dichter diese Prägung gab: *„Es gibt kein Ende im Weltenring, nur Wandel und Wechsel für jegliches Ding.“* Dem, der diese Wahrheit voll erfaßt, ist eben der immerwährende Wandel und Wechsel des Lebens die Gewähr ewigen Wachstums und Fortschritts.

Gerade für Menschen, die leicht zweifeln und zagen und dann verzweifeln und versagen, bedeutet es Hilfe und Rettung, wenn sie lernen, in einem (vermeintlichen) *Ende* die *Wende* zu gewahren und durch die Bejahung, daß alles nur Übergang ist, bewußt an das Ende den *neuen Anfang* zu knüpfen. Denn dann können sie sagen: „Ende gut, alles gut“, weil sie es in eine Stufe zum Besseren wandelten ...

Aus dieser Sicht wird deutlich, daß es *kein „Zu spät!“ gibt.* Nichts ist endgültig. Was geschieht, ist Wende zum Besseren. Es irrt, wer ein Glück, das ihm entging, als Verlust bucht. Es *entging* ihm, weil es ihn *nichts anging*, weil Wesentlicheres, Größeres zu ihm auf dem Wege ist.

Da ist einer um eine Stellung gekommen, einem anderen ein Geschäft entgangen, ein Dritter hat eine Verabredung versäumt, der Vierte einen Zug verpaßt. Statt hier resigniert „Zu spät!“ zu sagen, gilt es den Blick weiter und höher zu richten – auf ein größeres Glück, das anstelle des entgangenen auf einen zukommt. Statt zu klagen gilt es zu wagen; denn nur dem Wagenden reicht das Leben die Hand.

Dem, der einen Zusammenstoß mit Dingen oder Umständen als Anzeichen dafür wertet, daß neue Kräfte und Möglichkeiten von ihm erkannt und erprobt werden wollen, wird jeder Anstoß statt zum Rückschlag zum Stoß nach vorn.

Was man *verpaßt, paßt nicht* zu einem. Verpaßte Gelegenheiten sind Türen, durch die hindurch wir zu uns Gemäßerem und Höherführendem gelangen sollen. Um das zu erkennen, müssen wir, statt selbstbedauernd rückwärts zu starren, zuversichtlich vorwärtsblickend nach dem Besseren Ausschau halten. Dann werden wir das Wertvollere erspähen und ansteuern.

Gerade wenn wir das Gefühl des „Zu spät!“ haben, sollten wir das als *Wendesignal* beachten. Am dunkelsten ist es kurz vor Beginn der Dämmerung. Und nicht die Not ist es, die uns drängt, sondern die *neue Kraft,* die in uns notwendend aufbrechen will! *Jede Krise wird zur Wende zum Besseren, wenn sie als solche bejaht wird.*

Darum handelt recht, wer sich ständig hohe Ziele setzt. Wenn sie über sein augenblickliches Vermögen hinausreichen, wird die nächste Wende und Welle des Lebensstroms ihn um so sicherer dorthin tragen, wo seine Wünsche Erfüllung finden.

Täglich kommen Menschen in bedrängte Lagen, in denen sie sich wie in einer Sackgasse fühlen, keinen Ausweg sehen, die Tür ins Freie verschlossen wähnen ... Und dann, als sie aufgeben wollten, trat die Wende ein, die ihnen zeigte, daß die Tür nur angelehnt war und, als sie erwartungsvoll auf sie zugingen, sich vor ihnen öffnete und neue Möglichkeiten sichtbar werden ließ.

Was uns hindert, das für uns Beste, den *sicheren Ausweg*, zu erkennen, ist, wie La Rochefoucauld sagt, „unser Verstand, der sich bei allem aufhält, das die Phantasie ihm vorstellt, und dann aufgibt". Das ändert sich, wenn wir uns auf die Wahrheit besinnen, daß *jedes Tor*, vor dem wir im Leben wie vor einer hoffnungslosen Zwangslage stehen, in Wirklichkeit *offen ist* und darauf wartet, daß wir selbstvertrauend hindurchschreiten.

Gerade dann, wenn wir nicht weiter wissen, stehen wir vor einer offenen Tür und brauchen nur — statt nach außen zu blicken auf das, was uns bedrängt — selbstbesinnend *nach innen* zu schauen; dann wird die Tür sichtbar, die uns aus der gegenwärtigen Lage in einen neuen Lebensraum führt mit neuen Ausblicken und Möglichkeiten.

Sowie wir sie mutig durchschreiten, haben wir einen neuen Standpunkt gewonnen, der alle Dinge und Umstände anders aussehen läßt — weil *wir selbst* im Durchschreiten der offenen Tür ein anderer geworden sind: offen für die besseren Möglichkeiten, die immer da waren, und bereit zu einem neuen Anfang.

Im Grunde besteht aller Fortschritt in einem ständigen Öffnen und Durchschreiten von Türen, die uns aus abgelebten alten zu neuen Bewußtseins- und Lebensreichen führen. An jedes Ende knüpft sich sogleich ein neuer Anfang – um so leichter, je mehr wir selbst für offene Türen *in uns* sorgen und uns für jede Wende und Wandlung aufgeschlossen halten.

Denn je mehr ein Mensch sich vor sich selbst und der Umwelt verschließt, vor desto mehr verschlossenen Türen steht er im Leben. Je williger er hingegen die Türen in und zu seinem Innern offen hält, immer bereit, alles Gute willkommen zu heißen und eintreten zu lassen, desto öfter findet er auch im Leben Auswege, wo andere sich vor unübersteigbaren Mauern wähnen.

Das ist die Wahrheit, die frei macht: daß aus jeder Sackgasse ein Weg ins Freie führt; daß jedes Tor, vor dem wir stehen, offen ist; daß jeder Not die Wende auf dem Fuße folgt, und daß nur unser Stocken und Sträuben und unser Sorgen um künftige Dinge das Kommen der Wende zum Guten aufhält! Wie jede Nacht in einen neuen Morgen mündet, so erblüht aus jeder Not und jedem Tod neues Leben.

Wer das begriffen hat, der fürchtet keine Sackgasse, keine verschlossene Tür, kein Ende und keinen Tod mehr, sondern vertraut auf das Neue, das aus der ewigen Zukunft verheißungsvoll auf ihn zukommt.

49 ALLES ZUM BESTEN WENDEN!

Das Große Los gewinnen nur Wenige – und von diesen wieder werden und bleiben nur Einzelne wirklich glücklich, indes die anderen, vom Erfolg Berauschten den Gewinn durchbringen und am Ende oft schlechter daran sind als vor ihrem ‚Glück' ...

... Zur gleichen Zeit steigen weniger vom Glück Begünstigte langsam aber stetig empor, weil sie innerlich wach und aufgeschlossen sind und durch positives Reagieren nicht nur kleine Chancen, sondern selbst Widrigkeiten in Stufen des Aufstiegs verwandeln.

Was sie erfolgreich macht, ist eine Eigenschaft, die *jeder* entfalten kann: die Bereitschaft, *alles zum Besten zu wenden.*

Daß diese Bereitschaft selbst ungünstige Umstände in Vorteile umschlagen läßt, ist aus den Biographien der Großen und Erfolgreichen ersichtlich: eine Entlassung oder Erkrankung, ein Körpermangel oder ein jäher Verlust wurde durch ihr bejahendes Verhalten zum Ausgangspunkt entscheidender Fortschritte und Erfolge. Mit Staunen entdeckt man, wieviele Schwerhörige gleich Beethoven, Schopenhauer oder Edison, wieviele Taube, Blinde oder an anderen Körpermängeln Leidende zu den Großen der Menschheit zählen. Sie beweisen, daß alles zum Besten gewendet und auch aus Unglück Glück hervorgehen kann.

Entscheidend ist nicht, was ein Mensch vorfindet oder erfährt, sondern was er durch sein positives Reagieren daraus macht.

„Wenn es eine Freude ist, das Gute zu genießen, ist es eine größere, das Bessere zu empfinden, und in der *Kunst* ist nur das *Beste* gut genug", vor allem, wie Goethe damit sagen will, in der *Lebenskunst.* Die glückentscheidenden Wendungen im Leben werden nicht immer durch starke Hände, sondern weit mehr durch rechtes Hinsehen und mutiges Zugreifen im rechten Augenblick herbeigeführt. Auf dieses innere Wachsein für die Glücksmöglichkeiten kommt es an.

Schon die frohe Bereitschaft, an allem das Gute zu erspähen und aus jeder Lage das Beste zu machen, erhöht das Vermögen, alle Dinge zum Guten zu wenden. Zugleich ruft es nach dem Gesetz von Aktion und Reaktion mehr gute Gelegenheiten herbei — günstige Zufälle, die glückbringende Wendepunkte werden wollen.

So arbeitet der nach dem Besten Strebende Hand in Hand mit dem Schicksal und löst zehnmal mehr Glücksfälle aus als der gedankenlos Dahinlebende. Sein Glaube an sich selbst, an seine Aufgabe, sein Werk, seinen Aufstieg, kurz: an alles *Lichte* im Leben läßt ihn innerlich hell werden und macht zugleich seinen Lebensweg heller und reicher an freundlichen Überraschungen.

Je mehr Licht wir in uns tragen und hinausstrahlen, desto mehr Kraft zum Guten besitzen wir und desto größer wird unser Vermögen, alles zum Besten zu wenden.

50 PRODUKTIVE STIMMUNGEN AUSLÖSEN!

Mancher steht vor einer Aufgabe und findet keinen rechten Anfang, weil es an der nötigen Stimmung oder Sammlung fehlt, das Bewußtsein mit Sorgen und Ärgernissen erfüllt ist und ihm infolgedessen nichts Brauchbares einfallen will . . .

Und doch ist in solchen und ähnlichen Lagen die Auslösung produktiver Stimmungen leichter, als er ahnt. Der Weg führt über die Entspannung und Nach-innen-Wendung zur Umschaltung vom Mißgefühl des Anstrengenmüssens auf willige Hingabe an das Unbewußte, damit ‚Es‘ die Führung übernimmt, die rechten Gedanken, Gefühls- und Willensimpulse aufströmen läßt und, was schwer schien, leicht lösbar macht.

Zu solcher Umschaltung auf produktive Arbeitsstimmung bieten sich vier Helfer an:

Wir sind sehr bald gut aufgelegt, wenn wir als erstes die Entspannungs-Platte auflegen, also uns hinlegen, Körper und Gedanken zur Ruhe bringen und unser Bewußtsein abdunkeln. Wenn die innere Verdunkelung fast greifbar geworden ist, rücken wir den Scheinwerfer des Bewußtseins auf das uns bewegende Problem, nicht um darüber zu grübeln, sondern damit das Unbewußte sich darauf einstellt, und warten gelassen auf die nun aufquellenden guten Einfälle und die Hochstimmung von innen her.

Wir können diese Umschaltung auch dadurch bewirken, daß wir Papier und Bleistift nehmen und durch absichtsloses Malen von Figuren die störenden Gedanken zum Abklingen bringen, bis das Unbewußte sich helfend einschaltet, oder dadurch, daß wir alles, was uns bedrängt und nach Ausdruck drängt, in Stichworten niederschreiben und so die innere Spannung lockern, die Blockierung der schöpferischen Innenkräfte aufheben. Sowie der innere Widerstand weicht, kehrt mit dem neuen Leitgedanken auch die produktive Stimmung wieder.

Weiter können wir am offenen Fenster siebenmal tief aus- und einatmen und bei jedem Atemzug im Geiste alle Last und Unlust hinausblasen und Frische, Freude und Kraft bewußt in uns hineinsaugen. Je langsamer und tiefer der Atem, desto tiefer reicht der Kiel unserer Gedankenboote, desto ruhiger wird der Gedankengang und desto eher gelingt die Umschaltung auf neue Inspirationen.

Der vierte Helfer führt uns über die Entspannung in die *Stille.* Wenn unsere Hingabe an die Stille des Innern vollkommen ist, beginnt die innere Kraft aufzuströmen. Und wenn wir unsere Seelenantenne schweigend auf Empfang positiver Einfälle und produktiver Stimmungen einstellen, werden wir aufnahmefähig für neue Einsichten und Lösungen.

Je intensiver wir dabei unseren Kontakt mit der Weisheitsquelle im Innern, dem Kraftzentrum schöpferischen Lebens in uns bejahen, desto deutlicher und bedeutsamer werden die Intuitionen und desto beglückender die Impulse produktiven und erfolgreichen Schaffens.

Weise handelt, wer ausprobiert, welche Mittel ihm am leichtesten zu produktiver Gestimmtheit verhelfen, um sich dieser künftig zu seinem inneren und äußeren Fortschritt zu bedienen.

51 DEN EINGEBUNGEN NACHGEBEN!

Zwei Dinge, sagt Pascal, „belehren den Menschen über seine Natur: der Instinkt und die Erfahrung“. Wer beiden nachspürt, erkennt ihre Einheit: der Instinkt ist kristallisierte Erfahrung aus der ganzen Vergangenheit des Menschengeschlechtes.

Der größere Teil unserer Reaktionen und Handlungen wird nicht vom Verstand, sondern vom *Instinkt* her geleitet, und wer ihm folgt, fährt durchweg wohl dabei, weil der rechte Instinkt erfahrungsgeborene Fähigkeit der Einfühlung in Wesen und Dinge und der Vorausfühlung sich anbahnender Umstände und Geschicke ist.

Schon in den Gefühlen der Anziehung und Abstoßung regt sich der Instinkt, weshalb der weise handelt, der solchen Regungen folgt, zumal Sympathien wie Antipathien wechselseitig sind; da sie das unbewußte Verhalten des andern bestimmen, wäre es töricht, nicht auch selbst darauf zu achten, auch wenn es beim andern vielleicht nur unbewußtes Mißtrauen, Mißmut oder Mißgunst ist, deren Ausstrahlungen wir spüren ...

Wie oft hat eine instinktive Regung oder *Eingebung* uns schon vor einem falschen Schritt bewahrt. Ebenso oft hört man Menschen klagen, sie hätten keine Eingebungen und könnten sich darum schwer entscheiden.

Ihnen kann geholfen werden, denn das Gefühl für das Rechte läßt sich auf einfache Weise vernehmbar machen, wie Freud gezeigt hat: Wenn man einen Entschluß fassen, zwischen zwei Möglichkeiten wählen muß, nimmt man eine Münze, deren Kopfseite für die eine, deren Rückseite für die andere Entscheidung steht, wirft die Münze, stellt die Entscheidung des Zufalls fest und – nun kommt die Hauptsache – prüft alsdann sofort sein *Gefühl,* ob es die gefallene Entscheidung *erleichtert bejaht* oder *unzufrieden oder mit innerem Widerstand aufnimmt.* Im ersteren Falle läßt man die Entscheidung gelten, im letzteren tut man das Gegenteil. Diese einfache Methode kann jedem Entschlußunfähigen helfen, der anfangs leisen inneren Stimme immer gewisser zu werden.

Wir haben alle viel mehr Eingebungen und Einfälle, als wir wissen. Die meisten tauchen auf und sinken spurlos ins Unbewußte zurück, weil sie unbeachtet blieben. Die Folge ist, daß ihre Häufigkeit abnimmt. Achtet man hingegen dankbaren Herzens auf jede Eingebung, schwillt deren Zustrom ständig an.

Das Genie übertrifft den Alltagsmenschen durch sein *ständiges Offensein* für den Einstrom neuer Eingebungen, es läßt sich von innen her leiten und folgt den Winken des Innern. Gleich ihm können wir die Zahl der Eingebungen mehren, wenn wir mehr nach innen blikken, uns häufiger in uns selbst zurückziehen und von der Außenwelt abschalten, entspannt und gelassen nach innen lauschen, die Gedanken, die nun in uns aufblitzen, niederschreiben und alsdann prüfen, was der Fischzug im Unbewußten an neuen Einsichten zutage förderte.

Wer glaubt, tagsüber nicht die nötige Entspannung, Abschaltung und Stille zu finden, kann seine Probleme sozusagen ‚über Nacht' lösen lassen. Darüber wird noch zu sprechen sein.

52 DEN SCHLAF ZUM HELFER MACHEN!

Den Vielen, die Stunden der Nacht schlaflos mit sorgen und grübeln verbringen, zu raten, abends mit den Kleidern auch die Sorgen abzulegen, hilft wenig, wenn sie spätestens am Morgen mit den Kleidern auch die Sorgen wieder aufnehmen und feststellen müssen, daß die

Lage am neuen Tage nicht hoffnungsvoller ist als am Abend zuvor.

Hilfreicher ist Seneca's Rat: „Schalte beim Einschlafen das Denken des Tages ab und sage Dir: Ich habe heute gelebt und den mir vom Schicksal bestimmten Weg zurückgelegt. Wenn Gott mir einen neuen Tag schenkt, werde ich ihn mit dem Gefühl freudig entgegennehmen, daß mir ein unerwarteter Gewinn zugefallen ist."

Am hilfreichsten aber ist der Hinweis auf die Erfahrung, die in dem Psalmwort ausgesprochen ist: *„Den Seinen gibt's der Herr im Schlafe."* Wir können uns den Schlaf zum Helfer machen, wenn wir uns gewöhnen, jeden Abend alle ungelösten Fragen und Sorgen unmittelbar vor dem Einschlafen der inneren Führung zu übergeben mit der Bejahung, daß sie über Nacht erwogen und die rettenden Lösungen uns am Morgen einfallen werden.

Diese Gepflogenheit beruht auf der Erfahrungstatsache, daß, was alles Grübeln tagsüber nicht zuwege brachte, sich in der Entspannung des Schlafes von selbst darbietet – sei es in Traumbildern, die beim Erwachen bewußt bleiben, oder in Einfällen und Eingebungen, die sich uns am Morgen schenken.

Nur in der *Nacht* leuchten die ewigen Sterne, und nur im *Schlaf* sprudelt der Brunnen der Weisheit des Innern. Gehen wir darum mit der von Morgenstern empfohlenen Bejahung in den Schlaf: „O Nacht, du Sternenbronnen, ich bade Leib und Seele in deinen tausend Sonnen! O Nacht, die mich umfleußt mit Offenbarungswonnen, *ergib mir, was du weißt!*"

Wird diese Bejahung vom Bewußtsein begleitet, daß

wir nun nicht mehr zu grübeln brauchen, dann werden wir uns entspannen, uns dem heilsamen Schlaf überlassen und gläubigen Herzens der Lösung entgegenschlummern, die der Morgen bereithält, ganz dem Gefühl des Wohlberaten-, Behütet- und Geborgenseins hingegeben.

Und wir werden uns in der Frühe frischer und freier fühlen und die Kraft in uns spüren, den neuen Tag besser zu meistern.

Wenn wir den Morgen entspannt und in schweigendem Lauschen nach innen beginnen, uns offen und empfangsbereit haltend für die Weisungen der inneren Führung, empfängt der Tag seine Richtung und Ordnung. Dann blitzen Einfälle und Eingebungen in uns auf, die uns helfen, die Sorgen von Gestern in Erfolge von Heute zu verwandeln.

Wir wissen uns alsdann an den Strom der Inspirationen angeschlossen, der uns auch tagsüber, wann immer wir für Augenblicke lauschend in die Stille eintreten, erquicken und lichtwärts leiten wird.

53 DIE SCHÖPFERISCHEN KRÄFTE WECKEN!

Der Geist des Lebens hat uns überreichlich mit allem beschenkt, was wir zum Selbstsein und Glücklichsein brauchen. Aber wir machen zumeist nur vom kleinsten Teil dieser Gaben Gebrauch. Die übrigen haben wir nicht angenommen — weil wir angenommen haben, wir seien arm und schwach und Stiefkinder des Glücks . . . Infolgedessen leben wir von einem Bruchteil unserer wirklichen Kräfte und Fähigkeiten, haben von den vielen Seiten unseres Wesens nur eine oder zwei entfaltet — und nur darum erscheint uns das Leben unzulänglich und unbefriedigend.

Wir könnten alle mehr aus uns machen, wenn wir mehr aus uns herausholen und jene Gaben und Talente entfalten, die seit unserer Kindheit darauf warten, von uns entdeckt und betätigt zu werden. Um sie zu wecken und zum Wirken zu bringen, müsen wir an sie glauben und sie *bejahen.*

Das bedeutet, daß wir lernen, *alles,* was kommt, Gutes wie Widriges, als Weckruf an unsere inneren Kräfte zu werten und darum *Ja* dazu sagen. Es bedeutet, daß wir uns künftig vor Selbstverneinungen hüten — „ich bin müde, arm, krank, ich bin zu alt, zu schwach, zu unvermögend“ — und uns Selbstbejahungen in jeder Form zur Gewohnheit machen.

Vergessen wir dabei nicht, daß, wie der Gedanke, auch das *Wort* schöpferische Kräfte mobilisiert, daß wir das, was wir aussprechen, gewissermaßen ‚besprechen‘, das heißt herbeirufen und verwirklichen helfen.

Wenn wir einem Menschen sagen: „Sie sehen aber schlecht aus!“, wird er sich sofort elender fühlen. Wenn wir einem Leidenden mit aller Liebe und Gläubigkeit des Herzens sagen: „Du wirst gesund!“, entfachen wir in seiner Seele mit der Hoffnung und Zuversicht die heilsame Lebenskraft, die ihn rascher gesunden läßt.

Genau so: wenn wir beharrlich uns selbst und unsere schlummernden Kräfte bejahen, bringen wir sie zum Fließen und Wirken — und dann helfen sie uns, über uns selbst hinauszuwachsen und unser Schöpfertum zu offenbaren. Gewöhnen wir uns darum, statt unser vermeintliches Gebundensein durch Klagen und Selbstverneinungen zu verstärken, unser Frei- und Überlegensein durch Bejahung zu vertiefen und zu demonstrieren!

Und wenn wir nicht an die Macht der Bejahung glauben, dann laßt uns zum Gebet greifen und im Vertrauen auf die Hilfe von oben unseren weiteren Weg im Gewißsein unseres Geführt- und Geborgenseins gehen.

Wir leben in einem Ozean von Kräften und Möglichkeiten. Wer sie mit gläubigem Mut betätigt, der erhebt sich aus der Masse und wird zum Könner und Lebensmeister. Er macht sich das Gesetz der Höherentwicklung dienstbar, das auf das ständige Wachstum und Größerwerden aller Wesen abzielt.

54 DEN INNEREN REICHTUM MÜNZEN!

Die Welt ist voll unausgeschöpfter Energien, Reichtümer und Möglichkeiten. Und genau so sind auch *wir* es. Die meisten verlassen sich aber lieber auf den äußeren Besitz und sehen in einem Bankkonto die beste Bürgschaft ihres Vermögens, obwohl es durch Entwertung, Krieg und andere Katastrophen jederzeit vernichtet werden kann...

Zur rechten Blickrichtung leitet hier Angelus Silesius, wenn er uns zwiefach mahnt: „Auch der Reichtum ist eine Kraft / so gut wie Weisheit und Stärke, /
kann werden nicht minder ehrenhaft / verwendet zum Menschheitswerke.“ Doch: *„In Dir muß Reichtum sein!* / Was Du nicht in Dir hast, / wär's auch die ganze Welt, / wird Dir nur eine Last.“

Auf diesen inneren Reichtum gilt es uns zu besinnen. Denn sein Vorzug gegenüber dem äußeren ist der, daß er nicht erst mühsam erworben werden muß, sondern schon *jetzt da* und unser ist und in dem Maße, wie wir seiner gewiß werden, auch das äußere Reichsein nach sich zieht.

Ein Konto bei der Bank ist gut. Besser daran ist, wer um sein Konto bei der ‚inneren Bank' mit seinen absolut sicheren Vermögensanlagen weiß, die nicht in Geld und Wertpapieren bestehen, sondern in geistigen Fähigkeiten, seelischen Energiereserven, schöpferischen Vermögen und Talenten. Von diesen Vermögensanlagen hat jeder von uns bisher nicht einmal die *Zinsen* ausgeschöpft, geschweige denn das Kapital selbst in Anspruch genommen.

Wir sind alle viel reicher, als wir ahnen. Wir können uns, wenn die äußeren Mittel versiegen, jederzeit von innen her neue Möglichkeiten und Mittel beschaffen, um das Leben erfolgreich zu meistern. Wir können darum in Wirklichkeit nie untergehen, uns nie verausgaben, nie mittellos dastehen. Jedes gläubige Ja zur Hilfe und Fülle von innen ist ein Scheck auf unser inneres Vermögen.

Wer es *gut haben* möchte, braucht also nur sein *inneres Guthaben* zu münzen und die Regeln der ‚inneren Bank' zu beachten. Diese Regeln fordern, daß wir richtig denken und leben, uns stets positiv verhalten, uns selbst wie die Wesen um uns und das Leben bejahen, stets den bestmöglichen Gebrauch von unserm inneren Reichtum machen, indem wir ihn freudig weitergeben im Gewißsein ständigen Nachstroms größerer Fülle und wachsenden Glücks und Reichtums von innen her.

Jeder Gedanke der Liebe, jede gute Tat ist eine Einzahlung bei der inneren Bank, die tausendfach Zinsen trägt und ungeahnte Reserven flüssig macht. Und jedes gläubige Ja zur Fülle ist ein Abruf der entsprechenden Mittel, Kräfte und Möglichkeiten.

So handeln jene, die sich als *Kinder Gottes* und damit als Miterben der Fülle des Reiches Gottes erkennen und durch Bejahung ihres Geführt- und Behütet-, Geborgen- und Reichseins von innen her alle Mittel und Möglichkeiten herbeirufen, die ihnen helfen, ihren Anteil an der Fülle des Ewigen zu realisieren und ihr Leben und das ihrer Lieben immer glückreicher zu gestalten.

Was sie können, das vermögen wir auch. Denn ihre Stellung ist auch die unsere, und ebenso ihr Reichtum.

55 TALENTE ENTWICKELN!

Viele Menschen haben in ihrem Leben weit weniger erreicht, als ihnen möglich war, weil sie ihre eigentlichen Talente unentfaltet ließen. Das wird erst anders, wenn ihnen bewußt wird, daß *jeder* Mensch mit weit mehr Talenten auf die Welt kommt, als er ahnt.

Im Grunde besitzt, wie Hebbel sagt, „jeder Mensch *alle* Talente – in verschiedenen Mischungen und Graden –, doch nur die hervorragendsten soll er ausbilden." Dazu muß er sich über seine stärksten Neigungen und Kräfte klar werden, um aus ihnen seine besonderen Eignungen und Befähigungen zu erkennen, die ihn auf seinem Felde tauglicher, tüchtiger und geschickter als andere machen.

Chamfort beklagt mit Recht, daß die meisten von

ihren Sonderbegabungen keinen oder nur unzureichenden Gebrauch machen. „Es ist ein Unglück, daß so viele ihre Talente brachliegen lassen, und daß die Kunst, sich ihrer zu bedienen und sie gut zu beherrschen, oft nur die späte Frucht der Erfahrung ist“, zumeist bitterer Erfahrung.

Warum aber warten, bis ein Schicksalsschlag den Funken eines schlummernden Talents hervorlockt? Warum nicht selbst sein Schicksal schmieden und seiner Talente Entfalter sein? Weise handelt, wer aus eigener Einsicht und gewonnener Übersicht über seine Fähigkeiten und Möglichkeiten seine *stärksten Talente* erkennt und bewußt entwickelt.

Vielleicht führt ihn ein Vergleich mit den Leistungen anderer zu der Entdeckung und Überzeugung, daß er das Gleiche weit besser vollbringen könnte. Dann sollte er die erkannte Fähigkeit entwickeln und betätigen. Denn nur bewußt entfaltete Talente werden zu *Eigenschaften,* die ihm helfen, etwa Einmaliges und *Eigenes zu schaffen.*

Ein erkanntes Talent sollte sogleich in unseren Lebensplan eingebaut und zu höchster Entfaltung gebracht werden. Sowie wir es bis zur Reife ausgetragen haben, wird es uns weitertragen, uns in dem Beruf, in dem die meisten es nur bis zur Mittelmäßigkeit bringen, zu überragenden Leistungen befähigen und mit jener *Geschicklichkeit* ausstatten, die Wachsein für das vom Schicksal Geschickte ist und Geschicktheit, es recht zu nützen.

Lassen wir uns dabei nicht durch Meinung und Urteil anderer beinflussen, sondern bejahen wir mit Goethe, daß „ein wirkliches Talent nicht irrezuleiten und nicht zu verderben ist", daß wir heute nicht mehr der sind, der wir gestern waren, weil neue Kräfte in uns wach wurden, und daß dieser Prozeß kein Ende kennt, da der Mensch bis ins höchste Alter neue Fähigkeiten entfalten kann, wie die vielen großen Altersleistungen der Menschheit bezeugen.

Vergessen wir nicht, daß unser Wert nicht darin besteht, daß wir Talente haben, sondern darin, was wir aus ihnen machen. Wenn wir das beachten, verwandeln wir die Zufälle, die zu uns kommen, weil sie zu unserem Schicksal gehören, in Glücks-Chancen und Stufen steten Aufstiegs.

56 ZUVERSICHT ERHÖHEN!

Ob einer im Leben vorankommt und ein Erfolg und Segen für die Welt wird, ist oft nur eine Frage der Zuversicht. Denn während Furcht den Menschen blendet, in die Irre gehen und vieles schief gehen läßt, bewirkt Zuversicht, daß er seinen Weg sieht, ihn unbeirrt geht und alsdann erfährt, wie alles gut ausgeht.

Von Angst frei, ist er gegen vieles gefeit, das den Furchtsamen stolpern und stürzen läßt.

Rechte Zuversicht erwächst aus der Einsicht, ist mit Vorsicht gepaart und wendet mit Umsicht und Rücksicht alles zum Besten. Warum? Weil sie das Sichtvermögen für alles Gute in den Menschen, Dingen und Umständen verbessert und hilft, es überall zu wecken und zu mehren. Daraus wiederum entspringt größere innere Sicherheit in allen Lagen; und mit deren Zunahme werden bisher schlummernde Energiereserven frei und die Anziehungskraft für freundliche Zufälle nimmt zu.

Jede Erhöhung der Zuversicht macht uns lebendiger bewußt, daß wir weit größer sind, als wir ahnten, und mehr können, als wir meinten. Sie hilft uns, mehr zu erreichen, als wir beim ersten Hinsehen für möglich hielten, und läßt uns so erleben, daß Zuversicht die Welt nicht nur lichter und schöner sehen läßt, sondern sie auch heller und reicher machen hilft. Je mehr Zuversicht, desto größer unsere Aussicht, das Leben zu meistern.

Um unsere Zuversicht zu erhöhen, gilt es, uns selbst, unser Leben und unser Glück beharrlich zu bejahen. Unserer Innenkraft gewisser, fühlen wir von Mal zu Mal deutlicher, daß wir es schaffen, trauen uns mehr zu und steigern unser Glücksvermögen.

Viele große Menschen bestätigen, daß die Kraft der Überwindung aus ihrer Zuversicht kam, die mit jedem Jahr und jedem Sieg tiefer und lebendiger wurde, und daß sie sich am Ende als jenes dreifache Vertrauen zu sich selbst, zum Leben und zu Gott offenbarte, das Rükkert mit einem Wort als *Licht-Bewußtsein* umschrieb:

„Wohl: jedes Ding hat seine Schattenseite.
Du freue Dich des *Lichts und leb' im Licht,*
Und stets empor zu höherem Lichte leite
Dich Deines Licht-Bewußtseins Zuversicht!"

Wer das tut, tritt von der Schattenseite des Daseins auf die Sonnenseite, weil seine Zuversicht nicht nur ihn selbst, sondern auch seine Umwelt durchlichtet. Er sorgt dafür, daß immer mehr Licht in ihm sei und wärme- und glückbringend in die Herzen auch der Wesen um ihn strahle und sie zu gleicher Zuversicht entflamme.

Im selben Maße wächst die Gewißheit, daß letztlich immer die Güte und die Wahrheit, das Leben, das Licht und die Liebe über Lieblosigkeit und Dunkelheit, Kälte und Tod siegen und darum den Zuversichtlichen und innerlich Lichten die Welt gehört.

57 DIE FREUDEKUNST BEHERRSCHEN!

In jenen Stunden, da wir uns bedrückt, elend und traurig fühlen, sollten wir uns mit Pascal besinnen, daß „der Mensch allem Elend, das ihm nach der Kehle greift, zum Trotz einen *Instinkt* hat, der ihn erhebt": jenes seinem Wesen eingeborene Vermögen der *Freude*, das zur Freudekunst erhoben und in den Dienst der Leidüberwindung und Lebensmeisterung gestellt werden kann.

Stärker als die Schatten des Kummers und der Traurigkeit ist das Licht der Freude, das tief in uns strahlt und uns aus der Kälte der Fremde und Verlassenheit heimwärtsleitet zur Wärme und Geborgenheit des wirklichen Lebens der Kinder Gottes.

Mit Recht lautet die häufigste Forderung der Bibel: *„Freuet euch!"* „Gib Dich nicht der Traurigkeit hin und plage Dich nicht selbst dadurch, daß Du Dir Sorgen machst. Frohsinn im Herzen ist Leben für den Menschen, und Freudigkeit verschafft ihm langes Leben" (Jesus Sirach 30, 21). „Euer Herz soll sich freuen" (Joh. 16, 22); „Freuet euch mit den Fröhlichen" (Röm. 12, 15) und: „Lasset uns freuen und fröhlich sein!" (Off. 19, 7). Der Psalmist, der (16, 10) seiner Gotteskindschaft bewußt ist, lobt Gott als den ewigen Quell der Freude: „Du tust mir kund den Weg zum Leben; vor Dir ist Freude in Fülle.“ Und vom Reiche Gottes heißt es (Röm. 14, 17), es sei „Gerechtigkeit, Liebe und *Freude.*“

Wer um diese Freude weiß, der weiß um sein inneres Geborgensein im Reiche des Lichts und der Freude, in das er sich jederzeit zurückziehen kann, wenn Leid und Not ihn bedrängen. Solche Hinwendung zu *selbstbesinnender Freudekunst* läßt uns am leichtesten aus dem traumhaften Scheindasein zum wirklichen Leben im Licht erwachen, wie es Dschuang-Tse seinen Schülern bewußt zu machen suchte:

„Während eines Traumes weiß man nicht, daß alles, was man erlebt und erleidet, nur Traum ist. Erst wenn man erwacht, bemerkt man, daß man geträumt hat; und alle Angst wandelt sich in Freude. So auch gibt es ein Größeres Erwachen aus dem Traum, den ihr Leben nennt; und alsdann lächelt ihr über den Traum.“

Wenn wir *Freude-Augen* haben, sehen wir alles Leben von Weisheit und Liebe, Licht und Glück erfüllt und erkennen mit Rückert die Bestimmung des Menschen zur Freude:

„*Freude* ist Geistestat, zur Freud‘ ist er berufen.
Ein Tor nur glaubt, daß ihn zum Leiden Götter
[schufen.“

Die beste Freude ist, wie Goethe hinzufügt, „Wohnen in sich selbst“; denn aus dem *Lichtborn des Innern* erquillt jene Kraft und Freude, die keiner äußeren Anlässe und Anstöße bedarf.

Wer in sich selber ruht und die Freudekunst beherrscht, gleicht einem Baum, der seine Wurzeln tief in den Grund gesenkt hat und um das verborgene Wachsen und Werden weiß, sich mit Stamm und Krone himmelwärts reckt und Sonnenlicht und Luft in Leben umwandelt, sich alljährlich erneuert und die Wesen ringsum mit Blüten, Honig und Früchten, mit Schatten, Kraft und Ruhe beglückt.

Wenn wir uns dieser Freude, die von innen kommt, offenhalten, weitet sich unser Herz und weiht sich dem Höchsten. Dann erleben wir die Wahrheit des Dichterworts: „Die *wahre Freude*, nach der die Weisen streben, versüßt dem Sterblichen die Reise durch die Zeit und folgt, unsterblich selbst, ihm zur Unsterblichkeit.“

58 AUS DER FÜLLE SCHÖPFEN!

Manche meinen, sie müßten nur reich sein, um glücklicher und besser zu sein, als sie heute sind. Aber die Vielen, die es über Nacht wurden, haben längst das Gegenteil bewiesen und gezeigt, daß nicht das *äußere Haben* Glück verbürgt, sondern das *innere Sein*. Darum sind Reiche selten glücklich, Glückliche aber immer reich: sie leben aus der inneren Fülle, die die äußere nach sich zieht.

Die einen gieren ihr Leben lang nach dem Gelde, andere verachten es oder schelten es ein Werkzeug des Teufels: „Das böse Geld! Die böse Welt! Trau keiner Außenseite! Die Leute machen falsches Geld. Das Geld macht falsche Leute.“

Beide sehen nur die halbe Wahrheit.

Alle Lebenserfahrung lehrt: Wer das Geld über alles stellt und ihm nachjagt, wird sein Sklave und erliegt ihm. Wo Reichtum *Selbstzweck* ist, bleibt der Mensch innerlich arm und unvermögend zum Glücklichsein. Wo hingegen Geld als bloßes *Mittel* zum Glücklichsein und Glücklichmachen gilt und recht benutzt wird, dient es als Mittel zur Freiheit. Recht lebt, wer aus dem Bewußtsein der Fülle lebt, gerne gibt und nichts begehrt.

Das werde recht verstanden: Vielen gilt das Geld als Mittel, zu noch mehr Geld zu kommen. Diese Gier und Bedürftigkeit, hinter der die heimliche Furcht vor dem Zu-wenig-Haben hockt, macht den Menschen ruhelos und unzufrieden, besitzabhängig und zuerst innerlich und am Ende auch äußerlich arm ...

Richtig denkt und handelt, wer das Reichsein als *inneren Zustand* erkennt und darum gern von dem gibt, was ihm zuströmt. Er entdeckt, daß der Quell der Fülle unausschöpfbar ist.

Es gibt ein *Gesetz der Fülle,* nach dem jeder genau das hervorruft und empfängt, was er innerlich fürchtet oder bejaht. Wer sich um Hab und Gut sorgt, bekommt Grund zum Sorgen. Wer sein Reichsein bejaht, ruft das Bejahte ins Dasein.

Was von *außen* kommt, ist immer nur Wirkung. Die Ursachen zu allem liegen *in uns.* Setzen wir positive Ursachen, indem wir die Fülle bejahen und leben, als ob sie Wirklichkeit sei, blicken wir nicht auf das, was uns fehlt, sondern freuen wir uns dessen, was wir haben, und folgen wir dem Herzensdrang, auch anderen von unserem Reichtum zu schenken, dann folgt dem inneren Reichsein das äußere, wie dem Wanderer der Schatten.

Das meint Christi Wort: Trachtet zuerst nach dem Reiche Gottes, dann wird euch alles andere von selbst zufallen! Das Reich Gottes ist in euch: es ist das Reich des Friedens und der Zufriedenheit, der Geborgenheit und Fülle. Wer es in sich weiß, fühlt weder Unruhe noch Sorge, sondern weiß sich überall behütet, geleitet und von der Fülle des Lebens gesegnet.

Wer das erfaßt und erfahren hat, der blickt nicht mehr hoffend und gierend nach außen, sondern gelassen und vertrauend nach innen. Und dann strömt die Fülle ihm aus vielen Quellen zu — nicht als Wunder, sondern als natürliche Folge rechter Beachtung des Gesetzes der Fülle.

59 FÜR DAS GUTE ZEIT HABEN!

Eine der häufigsten Klagen der Menschen ist, daß sie *keine Zeit mehr haben* für sich selbst, für ihre Lieben und zum Glücklichsein ... Dabei kann ihnen mit Leichtigkeit zu mehr Zeit verholfen werden, und zwar durch drei Mittel:

Das *erste* Mittel besteht darin, daß man den Zeitgejagten das zur Besinnung führende Wort Lichtenbergs vorhält: „Die Leute, die nie Zeit haben, vollbringen am wenigsten", und auf die Erfolgreichen verweist, die nicht nur ein Vielfaches zuwege bringen, sondern dabei noch für alles Zeit haben, das sie interessiert.

Warum? Weil sie mit Seneca „nicht auf die wenige Zeit, die man hat, sondern auf die viele Zeit, die man nicht nützt", blicken und ihren Zeitschatz optimal auswerten.

Das *zweite* Mittel besteht darin, daß man den Zeitgeplagten bewußt macht, daß die Zeit kein Tyrann ist, sondern ein Freund und Helfer: sie ist etwas Subjektives, nichts Reales; ihr Wert und Gewicht wird von unserer Einstellung bestimmt. Das machen die gehetzten Motorrad- und Autofahrer deutlich, die rasen, um ‚Zeit zu sparen'. Gegenüber dem Fußgänger gewinnen sie täglich Stunden, die sich zu einem beträchtlichen Zeit-Kapital summieren — — aber wo werden auch nur die Zinsen dieses Kapitals fruchtbringend gemacht?

Zeit braucht man nicht zu sparen, Gott gibt sie umsonst; entscheidend ist allein, womit man eine Zeitspanne *ausfüllt*. Wie im Traum in einer Minute ein ganzes Leben durchlitten werden kann, so kann eine Minute, recht genützt, uns glückliche Tage und Jahre gewinnen lassen. König Philipp von Spanien wußte das, wie sein Wort zeigt: „Die Zeit und ich nehmen es mit zwei anderen auf."

Das *dritte* ist die Anleitung, aus einem Zeitsklaven zu einem *Zeitmeister* zu werden und durch rechtes Denken und Planen, Verhalten und Tun aus jeder Minute den Inhalt von Stunden zu schöpfen. Wer die Lebensbahn als Rennbahn wertet, klagt: *„Zeit ist Geld"* und meint: Zeit kostet Geld. Wer besinnlich und erfolgreich lebt, weiß: *„Zeit bringt Geld"*, weil er jeden Augenblick bewußt lebt und ihn im Dienste ständigen Glücklichseins freudig ausschöpft.

Die Anleitung dazu gab schon Paulus den Ephesern: „Kaufet die Zeit aus, wandelt und handelt wie Weise, lebt aus dem Geiste und sagt Dank für alles!"

Wer sich dieser drei Mittel bedient, der kennt nur *eine* Zeit, die *Gegenwart*, die schönste Zeit, weil sie Quell alles Guten und zugleich, als Repräsentant der Ewigkeit, ein Mittel zur Lebensüberlegenheit ist im Sinne des alten Wortes: „Wem Zeit wie Ewigkeit / und Ewigkeit wie Zeit / der ist befreit / von allem Streit."

Viele Menschen, namentlich die älteren, leben vorwiegend in und aus der *Vergangenheit,* blicken oft träumend, bedauernd oder anklagend rückwärts. Andere, vor allem die jüngeren, erhoffen alles von der *Zukunft* und bereiten sich ständig vor, demnächst zu leben.

So leben beide mit einem Teil ihres Wesens in Zeiten, die nicht mehr oder noch nicht sind, — und versäumen darüber die, die ihnen allein gehört: die *Gegenwart.* Darum leben sie nicht eigentlich, sondern sie haben gelebt oder hoffen zu leben ...

Ihnen allen ist mit einem Wort des altindischen Heldenepos Mahâbhârata zu raten: „Laßt das Vergangene wie das Künftige auf sich beruhen und nützet frohgemut und unverzagt das, was die Gegenwart euch darbietet!" Denn nur wer die Gegenwart meistert, bewältigt auch die Vergangenheit und sichert sich die Zukunft.

Alle Erfahrung lehrt, daß nur die Gegenwart gewiß ist und daß nur, wer in ihr lebendig und mit seinem Geist zugegen ist, jene Geistesgegenwart entfaltet, die die Nöte der Zeit meistert. Damit folgt er Rückerts Mahnung: „O wünsche nichts vorbei und wünsche nichts zurück; nur ruhiges Gefühl der Gegenwart ist Glück."

Die Vergangenheit geht uns nur so weit an, als sie uns nutzbare Erfahrungen vermittelt, und die Zukunft berührt uns nur, soweit sie lebendig-positive Fortsetzung der Gegenwart ist. Darum gilt es, die Ketten der Vergangenheit abzuwerfen, die Sorgen von Morgen der Zukunft zu überlassen und das Heute *jetzt* zu meistern. Nur so errichten wir das sichere und immer stärker werdende Fundament des neuen Lebens, in dem alles, was wir heute bejahen, Wirklichkeit wird.

Recht gelebte Gegenwart verklärt das Einst und wird zur Garantin der Zukunft. Dem, der *jetzt* ist, ist gewiß, daß er *sein wird.* Das bedeutet, daß wir uns als zweites vor dem Passivwerden hüten.

Wie eine Maschine, die stillsteht, Staub ansetzt und rostet, so werden wir, grübelnd stillstehend, von der Vergangenheit angenagt und von der Zukunft in Furcht versetzt. Solange wir hingegen *aktiv* sind und die Gegenwart nützen, bestimmen wir, am Steuerrad stehend, den Kurs unseres Lebensschiffleins und verhüten, daß unser Weg von außen her bestimmt wird – von Wind und Wellen und den Strömungen des Daseinsmeeres – und uns in Zeiten führt, von denen wir sagen werden: sie gefallen uns nicht . . .

Vor allem dann, wenn wir unser Leben anders wünschen und es ändern wollen, gilt es, die Wahrheit zu beherzigen: *Das Leben beginnt jetzt!* Wir sammeln uns dann bewußt jeden Augenblick aufs neue auf positive Zielsetzungen und Bejahungen, und zwar tätig, nicht träumend.

Alsdann erblüht aus recht gelebter Gegenwart die glückreiche Zukunft, und zugleich erweist sich der Augenblick als Repräsentant jener Ewigkeit, in der wir wesenhaft wurzeln.

61 GEISTESGEGENWART OFFENBAREN!

„Viel Rettungsmittel bietest Du. Was heißt's? Die beste Rettung: Gegenwart des Geists." Was *Goethe* uns mit diesem Wort bewußt machen will, ist dies: Wenn unsere *körperliche Gegenwart* in einer gefährlichen Situation von Nachteil ist, kann nur *Geistesgegenwart* den Nachteil aufheben oder in einen Vorteil umwandeln. Sie ist wie Achtsamkeit und Wachsamkeit ein Mittel, Widrigkeiten auszuweichen, Mißgeschicke zu vermeiden, dem Unglück zu entgehen.

Jeder Verkehrsteilnehmer weiß, wie viele Unfälle durch Geistesgegenwart verhütet wurden. Der Geistesgegenwärtige erwartet nicht, daß der Wind des Geschicks sich nach seiner Mühle richtet; er richtet seine Gedanken- und Willensmühle nach dem Schicksalswind, dessen Richtung er spürt, so daß die Mühle von selbst läuft. Seine *Beweglichkeit* in der Richtung nach vorn läßt ihn mit wachem Blick das Werdende erspähen und Teilerfolge auf seinem Zielweg vorausergreifen.

Seine *geistige Elastizität* erfaßt auch den Körper, der ja Spiegel und Werkzeug des Geistes ist: selbst ein schwacher, anfälliger oder kranker Körper wird vom Geiste her zu Kraftentfaltung und Regeneration und zu Höchstleistungen emporgerissen, deren bloße Erwägung den weniger Beweglichen zurückschrecken läßt.

Der Geistesgegenwärtige ist zu beweglich, als daß sich der Rost der Furcht an ihm festsetzen könnte. Die Gespenster der Angst sind zu asthmatisch, um mit ihm Schritt zu halten. Die seiner Raschheit gemäßen Begleiter sind Optimismus und sieghafter Lebensglaube, die ihm helfen, auch in aussichtslos scheinenden Lagen neue Wege zur Höhe zu finden oder zu bauen ...

Und wie weckt man solche Geistesgegenwart? Dadurch, daß man sich durch Übung gewöhnt, bei *allem,* was man tut, geistig zugegen zu sein, sich also nicht nur mit den Händen, sondern auch mit den Gedanken *bewußt* daran zu beteiligen.

Das ist auch das erste, was ein Yogaschüler lernt: wenn er geht, ist auch sein *Denken* auf das Gehen gerichtet; wenn er atmet, atmet er *bewußt;* wenn er ißt, ißt auch sein Geist. Indem er so lernt, von früh bis spät alles bewußt zu tun, aktiviert er neue Kräfte, deren erste erhöhte Achtsamkeit ist.

Aber diese Übung hat noch eine weitere Wirkung: sie macht deutlich, daß *Geistesgegenwart mehr* bewußt macht als die Gegenwart! Unmerklich erweitert sich das geistige Sehvermögen bis in die Randzone der Zukunft. Der Geist entfaltet seinen schlummernden Radarsinn für das sich Anbahnende, sein Ahnungsvermögen, seinen Schicksalssinn, seine Intuition für das, was aus der Zukunft auf ihn zu-kommt. Damit ist er dem Geschehen um eine Zeitspanne voraus, stellt sich instinktiv darauf ein und wird, wenn es da ist, leichter damit fertig.

Manche Menschen haben diesen Sinn in erstaunlichem Maße entwickelt; und es ist beglückend, zu wissen, daß *jeder* dieses Vermögen in sich erwecken und sich das erfolgreiche Vorankommen zur Gewohnheit machen kann.

Denn *Erfolg* ist ja, energetisch gesehen, das, was aus dem Denken und Tun eines Menschen *erfolgt,* von ihm aber nur bei entsprechender Wachheit und Geistesgegenwart erkannt und ergriffen wird. Anders gesagt: Der Geistesgegenwärtige steuert instinktiv oder bewußt auf die *günstigen Folgen* zu, und indem er sie sich im rechten Augenblick dienlich macht, offenbaren sie sich ihm als *Erfolge.*

Ein Verkehrsrichter sagte einem Manne, der mit seinem Wagen einen Unfall verursacht hatte und dabei verletzt wurde: „Offensichtlich waren Sie mit Ihren Gedanken anderswo. Etwas mehr *Gegenwart des Geistes* wäre gut gewesen", worauf der Mann mürrisch meinte: „*Abwesenheit des Körpers* wäre noch besser gewesen." Der Richter erwiderte lächelnd, daß eben das Erstere ihm hätte helfen können, für das Letztere zu sorgen, rascher zu schalten und so die Gefahr auszuschalten ...

In der Tat verfügt der innerlich Gesammelte und darum Geistesgegenwärtige über die größere Sicherheit – auch die größere Unfallsicherheit. Das kann so weit gehen, daß er bei einem drohenden Zusammenstoß selbst Fehler eines anderen rechtzeitig erkennt und durch rasches Reagieren einem Unfall vorbeugt. Denn wie mit der Geistesabwesenheit die Glückabwesenheit einhergeht, so mit der Geistesgegenwart das Zugegensein des Glücks.

Es kann einer die Augen offen haben und doch innerlich schlafen, mit seinen Gedanken abwesend sein. Solche Träumer klagen dann über ‚Tücken des Objekts' und Pechsträhnen, statt durch inneres Wachsein und geistiges Gesammeltsein ihr Glücksvermögen zu erhöhen. Geistesgegenwart hat mehr Unglück in der Welt verhütet und mehr Glücksgelegenheiten nutzbar gemacht als Wissen und Können, weil sie hilft, im rechten Moment das Rechte zu sehen und zu tun.

In jedem Wettstreit siegt der Gesammeltere und innerlich Wachere, weil er zuerst das Beste erkennt und es sich geistesgegenwärtig dienen läßt. Er bleibt gelassener, weil er seiner selbst und seiner Sache sicher ist, und er übersieht Situationen besser, weil er innerlich spannungsfreier, lichter und darum fähiger ist, rasch auf neue Dinge, Umstände und Lagen umzuschalten. Sein größerer Weitblick läßt ihn Kommendes klarer erkennen und es durch weises Zuvorkommen in Glücksgelegenheiten verwandeln.

Und wie sichern wir uns jederzeitiges Gesammeltsein? Durch Übung der Gedankenkonzentration, indem wir beharrlich darauf achten, daß wir, wie gesagt, alles, was wir tun, *bewußt* tun, stets mit unseren Gedanken dabei sind.

Wir können nicht oft genug am Tage prüfen, ob alle Kräfte des Geistes gesammelt, zielgerichtet und aktiv sind, ob wir hellwach und unserer Glückskraft Meister sind, ob also die Zukunft für uns bereits begonnen hat und vom Kraftfeld unseres Wesens und Wollens unserem Fortschritt und Aufstieg dienstbar gemacht wird. Denn je gelassener und geistesgegenwärtiger, desto anziehender und aufgeschlossener sind wir für die Glücksmöglichkeiten, die das freundliche Leben täglich heranträgt.

63 DEN ZUFALL NÜTZEN!

Nichts in der Welt wird so verkannt wie der Zufall. Die einen werten alles Geschehen als Spiel widriger Zufälle, denen sie hilflos ausgeliefert sind, und stimmen Friedrich dem Großen zu: „Je älter man wird, desto mehr überzeugt man sich, daß seine Majestät der Zufall gut drei Viertel der Geschäfte dieses miserablen Universums besorgt.“

Andere, Klügere sagen mit Demokrit: „Wir Menschen haben aus dem Zufall ein Trugbild geschaffen, einen Vorwand unserer eigenen Unweisheit; denn nur selten stehen Zufall und Überlegung in Widerspruch; das meiste im Leben bringt einsichtsvoller Scharfblick in Ordnung."

Und noch andere, Weisere, erkennen in jedem Zufall einen – *Glücksfall,* suchen ihn zu nützen und nennen den, dem viele Zufälle begegnen, einen ‚Günstling des Glücks'.

Die meisten sprechen vom Zufall wie vom Wetter und meinen, beides sei nicht voraussehbar. Aber wie das Wetter folgt auch der Zufall Gesetzen, die man erkennen und sich dienstbar machen kann. Wer das tut, lernt mit dem Zufall wie mit einem guten Freunde umzugehen und aus unerwarteten Wendungen und Geschicken im Blick und Vertrauen auf die dahinter waltende weise Führung und freundliche Fügung Glücksgelegenheiten zu machen.

So handelt der Philosoph, der das Leben als Fahrt ins Blaue wertet – von einem Reiseleiter veranstaltet, der freundliche Überraschungen liebt, aber von den Teilnehmern erwartet, daß sie hinter dem scheinbar Zufälligen das Erfreuliche und Glückbringende sehen.

Wer mit wachem Schicksalssinn die *Weisheit* und *Weisung* in dem erspürt, was auf ihn zukommt, weil es ihm zukommt, der wird das Beste daraus machen.

Entscheidend ist, daß wir uns gewöhnen, zu *allem,* was kommt, *Ja zu sagen,* also stets positiv zu reagieren. Damit haben wir uns bereits die eine Hälfte des Zufalls dienstbar gemacht. Je mehr wir uns darin üben, desto deutlicher erkennen wir, daß der Geist des Lebens uns mit jedem Zufall, der an uns herantritt, aufruft, die *Glücks-Chance*, die in ihm steckt, zu ergreifen.

Ebenso wichtig ist die *aufmerksame Aufgeschlossenheit* für den weisheitsvollen Willen, der hinter dem Zufälligen waltet. Denn dieses innere Wachsein läßt uns geistesgegenwärtig auch aus der anderen Hälfte des Zufalls die darin enthaltenen Glücksmöglichkeiten ausschöpfen.

Die gedankenlos Dahinlebenden möchten gern lange leben — und wissen doch oft nicht einmal, wie sie eine einzige Stunde ausfüllen sollen. Der innerlich Wache hingegen gewinnt aus jeder Stunde und aus dem, was sie an ihn heranträgt, das Zehnfache an Glücksmöglichkeiten, weil er das Leben als erregendes Abenteuer betrachtet und immer erwartungsfroh darauf aus ist, alle Glücks-Chancen des Zufalls in Stufen auf seinem Wege zur Höhe zu verwandeln.

64 IN DEN GLÜCKSSTROM EINSCHALTEN!

Wer klagt, das Glück sei blind, ist es zumeist selber. Wer mit offenen Augen in die Welt blickt, weiß, wie weitgehend der Mensch sein Glücklichsein bestimmt und wie wahr das Wort ist: „Du wünschest Dir mit Angst ein bißchen Glück und klagst, daß Dir noch keins erschienen. Klag' nicht; es kommt ein günst'ger Augenblick! Bet' um Vernunft, Dich seiner zu bedienen!" Und lerne nicht nur, es zu finden, sondern auch, es zu behalten; lerne, Dich durch rechtes Denken in den Glücksstrom einzuschalten!

Was das bedeutet, hat Jeremias Gotthelf klargestellt: „Das Glück liegt nicht in den Dingen und Bedingungen, sondern in der Art und Weise, wie sie zu unseren Augen, zu unserem Herzen stimmen, also darin, wie wir sie ansehen. Deshalb kann ein Ding, das dem einen nichts sagt, andern viel bedeuten; und was die einen als Unglück werten, empfinden andere als Glück."

Nicht außen, sondern *innen* sprudelt der Quell des Glücklichseins: unser Herz, unser innerstes *Selbst* ist der Bedinger unseres Glücks. Und wer mit sich selber eins ist, ist damit zugleich in den Glücksstrom eingeschaltet.

Darum rät Euripides mit Recht: „Damit das Glück Dich nicht zum Hochmut verleite, das Unglück Dich nicht zum Sklaven mache, bleibe, wie das Gold im Feuer, der Du bist und bewahre Dir Dein eigenes Selbst." Erkenne, daß der Strom des Glücks in Dir fließt, alles Gute darum von selbst zu Dir kommt und alles Rechte Dir von selbst, vom Selbst her, gelingt.

Glücklichsein ist eine Frage rechter Einschaltung in den inneren Glücksstrom und im Grunde so einfach wie das Drehen des Lichtschalters: wenn wir mit der gleichen gelassenen Selbstverständlichkeit, mit der wir das Licht einschalten, uns in den Glücksstrom einschalten, wird unser Wesen und Leben lichter und die Meisterung der Lebensaufgaben und Schwierigkeiten leichter.

Wir folgen dann gewohnheitsmäßig allen guten Regungen unseres Herzens, erwarten das Gute als das uns Gemäße, begrüßen den Tag, jeden Menschen und jedes Geschehnis als Bringer neuen Glücks und freuen uns über alles, was auf uns zukommt, wie über etwas, das uns zukommt.

So handelnd, wissen wir, daß wir dem Glück nicht nachzulaufen brauchen, weil wir ihm immer nahe sind, sowie wir uns nach innen wenden und den Rat beherzigen: „Kehr still in Dich zurück, ruh in Dir selber aus, so fühlst Du höchstes Glück und suchst es nicht im Weltgewimmel... Je tiefer in Dich zurück, je höher im Himmel."

65 DIE UMSTÄNDE MEISTERN!

Pessimisten meinen, daß der Mensch den Umständen und nicht diese dem Menschen untertan seien.

Optimisten glauben, daß der Mensch weit mehr Ursacher und Herr der Umstände sei, als diese sein Schicksal bestimmen.

Realisten suchen, im Blick auf die Geistbedingtheit des Schicksals, die Umstände von innen her zu meistern: sie lassen sich durch beengte Verhältnisse nicht auch noch seelisch beengen, sondern bejahen ihr Überlegensein, weiten den Kreis ihres Lebens und Wirkens und wachsen so von selbst über die ihnen ungemäß gewordenen Verhältnisse hinaus.

Wer im Lebensglück etwas sieht, was in den Umständen liegt oder durch sie bedingt ist, ist kurzsichtig. Weiter sieht, wer erkennt, daß die Umstände nichts aus sich selbst sind, sondern daß es auf den *Geist* ankommt, mit dem sie zusammengeraten: je wacher und lebendiger der Geist, desto größer seine Macht über die Umstände, desto Größeres *macht* er aus den Umständen. Indem er sich selbst umstellt, stellt er die Umstände mit um. Denn die äußeren Verhältnisse sind Frucht und Äquivalent des inneren Verhaltens.

Wer klagt, die Lebensumstände seien gegen ihn, sagt damit nur, daß er von seinem angeborenen Vermögen der Schicksalsgestaltung von innen her bisher einen unzulänglichen Gebrauch gemacht hat. Daß und *wie* dies von Grund auf, vom Geiste her, geändert werden kann, wird ihm in diesen Lebensweisungen von allen Seiten her deutlich gemacht: sie wollen ihn zu der seine Freiheit und Überlegenheit sichernden Einsicht leiten, daß die *Umstände nur Rohstoff* sind, ihre Wirkung auf ihn Ergebnis seiner Einstellung ist. Seine geistige Haltung ist immer das Ursachende, die Wirkung der Umstände ist bloße Folge.

Anders gesagt: Das Bedingende ist seine *Haltung* und *Aktion;* was von außen an ihn herantritt, ist die *Reaktion* der *Verhältnisse.* Je positiver die erstere, desto glückbringender die letztere.

Einen einfachen Weg zur Meisterung der Umstände wies Christus mit seiner Mahnung, wir sollten „werden wie die *Kinder*". Von diesen und noch mehr von den Kinderseelen der *Pflanzen* können wir das rechte Verhalten lernen: sie lassen Regen wie Sonnenschein, Tag und Nacht, Wärme und Kälte, Wind und Wetter gleichermaßen ihrem Gedeihen dienen. Sie sorgen sich nicht, grübeln und klagen nicht, sondern nehmen alles dankbar als Hilfe zum Wachstum und Fruchttragen entgegen – als vom Geist des Lebens zu ihrem Besten so gefügt, wie es kommt.

Gleich ihnen gedeihen die Menschen am besten und kommen der Sinnerfüllung ihres Lebens am nächsten, die *alle* Umstände des Lebens als Förderungen bejahen und sie eben durch ihre rechte Haltung dazu machen.

66 SELBSTÄNDIGKEIT BEHAUPTEN!

So viele streben nach Selbständigkeit und Unabhängigkeit im Leben wie nach etwas Unerreichbarem – und sehen nicht, daß sie, was sie suchen, innerlich besitzen!

Sich selber auf den Grund gehende Besinnung und Selbsterkenntnis kann ihnen *die Wahrheit, die frei macht,* enthüllen: daß sie im eigenen *Selbst* den einzigen Halt und sichersten Stand haben, den man im Wechsel der Erscheinungen und Lebensbedingungen finden kann, und daß diese Innewerdung der unverlierbaren *inneren Selbständigkeit* die unerläßliche Voraussetzung bildet für die Erlangung der Unabhängigkeit im äußeren Leben.

Um glücklich zu sein, muß man nicht außer sich nach Halt suchen und sich auf andere stützen, sondern Kraft und Halt im eigenen Innern finden nach dem Lebensmotto: Wer in sich ruht und sich an sich selber hält, der meistert gelassen die Nöte der Welt!

Was heißt denn *selbständig* sein anderes als: seinen festen *Stand* in sich *selbst* finden und sich, als sein eigener Herr, selbst bestimmen, statt von anderen beherrscht und bestimmt zu werden.

Damit ist jene *geistige Selbständigkeit* gemeint, jenes *Selbstsein und Eigensein,* das auch in einem abhängigen Verhältnis behauptet und bewahrt werden kann und die Mitte hält zwischen den beiden Extremen der Selbstunterschätzung und der Selbstüberhebung. Sie äußert sich praktisch als Selbstvertrauen, das wiederum nur die äußere Hülle des Gottvertrauens und stärker ist als jede Furcht und jeder äußere Umstand und Widerstand.

Von ihr sagte Moritz von Egidy mit Recht, daß man „nur in der reinen Luft eigenen Denkens, eigenen Empfindens und eigenen Urteilens den frischen Hauch geistiger Selbständigkeit atmet." Es ist interessant, daß er in den gleichen „Ernsten Gedanken", die 1890 erschienen, die Notwendigkeit einer Erneuerung der Religion aus dem Geiste tatchristlicher Liebe betonte, damit Religion und Leben nicht mehr nebeneinander herlaufen, sondern *eins* werden.

Das ist zwar immer noch nicht Wirklichkeit geworden; aber jeder Lichtfreund, der den Weg nach innen geht, nähert sich diesem Ideal: er erkennt in seinem eigenen Selbst Kern und Ausgangspunkt fortschreitender Vervollkommnung und schreitet im Erwachen zu geistiger Selbständigkeit aus dem Dunkel der Nichterkenntnis in das Licht zunehmender Wirklichkeits-Gewißheit hinaus.

Im Grunde ist, wie Goethe sagt, jeder Versuch des Menschen, sich auf seine eigenen Füße zu stellen und aus sich selbst zu leben, Ausdruck seines innersten Wesens und dem Willen der Natur gemäß. Alle Großen der Menschheit, die das Leben und Schicksal meisterten, wurden es aufgrund der Einsicht, daß in allen Lagen ihr eigenes Selbst der beste Nothelfer ist, und durch bewußte Wahrung ihrer inneren Selbständigkeit.

Da das Geistige das Primäre ist, das Vorrangige und Vorgängige, führt die Erkenntnis und Behauptung der geistigen Selbständigkeit in ihrer weiteren Auswirkung von selbst zur Erlangung und Sicherung auch der Selbständigkeit und Unabhängigkeit nach außen hin.

Es ist wie mit der *Freiheit,* nach der alle streben und die doch nur jene erlangen, die sie in sich finden und so ihre eigenen Gesetzgeber werden.

67 INNERE ÜBERLEGENHEIT BETÄTIGEN!

Viele klagen über Schwierigkeiten, Widerstände und Übel — und sehen nicht, daß sie sie erst meistern, wenn sie ihren Sinn erkennen und bejahen. Sie möchten den Widrigkeiten *überlegen* sein — und sehen nicht, daß sie sie — als Überlegenheit des Geistes über die Materie — besitzen und sie nur *betätigen* müssen.

Schwächen und Nöte sind — als Folgen falscher Richtung der Denkkraft — durch bewußte Selbstdynamisierung und Gewöhnung an Bejahung des Positiven überwindbar. Wir müssen uns nur vom Ich und vom Außen lösen und nach innen wenden, uns im Geiste auf die lichte Seite des Lebens und der Dinge begeben und *bewußt im Lichte leben,* dessen Träger unser Selbst ist.

Wie ein Licht einen tausendmal größeren dunklen Raum erhellt, weil das Licht Wirklichkeit ist, die Finsternis hingegen nichts aus sich selbst, sondern nur Licht-Abwesenheit, so sind auch die Unvollkommenheiten, Übel und Nöte nichts aus sich selbst, sondern nur Abwesenheit des Guten und Vollkommenen, Folgen unseres Noch-blindseins für die Wirklichkeit. Sowie wir aber immer bewußter auf das Licht in uns und hinter den Dingen blicken, nimmt die Zahl der Lichtblicke und

Beglückungen in unserem Dasein zu und die der Sorgen und Nöte ab. Jede Bejahung der Kraft des Geistes erhöht das Übergewicht des Guten und Lichten über das Dunkle und Üble.

Besinnen wir uns bei jeder Schwierigkeit, daß sie vom Geist des Lebens gegeben ward, um die lichten Kräfte in uns zu üben und zu mehren, daß uns mit jeder Aufgabe auch die Gabe ward, Dunkel in Licht, Unordnung in Harmonie, Schwäche in Kraft, Krankheit in Gesundheit, Leid in Freude, Mangel in Fülle zu verwandeln.

Immer ist das Positive in uns dem Negativen um uns überlegen. Wir müssen diese Überlegenheit nur gläubig bejahen und mutig betätigen und jeden Widerstand als Stufe auf unserem Wege wachsender Kraftentfaltung und Lichtwerdung werten.

Sowie wir darangehen, das Höchstmögliche aus einer Not zu machen, wird aus Notwendigkeit Not-Wende. Unentwegt auf den lichten Kern blickend, treten wir unmerklich ins Helle, sehen, im Lichte lebend, keine Schatten mehr, und wissen, so uns selber helfend, um den Helfer droben:

„*Du* bist die Quelle, der alles entspringt,
Du bist die Welle, die alles durchdringt,
Du bist das Meer, in das wir münden.
Wer kann Dich fassen, wer Dich ergründen!
Du bist die lebendige Urkraft der Welt,
Du bist das *Licht*, das die Wesen erhellt!“

Dessen gewiß, bewirken wir, daß alle Steine auf unserem Wege Bausteine werden zu unserer Vollendung.

Pascal sah in den *Krankheiten* der Menschen die Ursache allen Irrtums, weil sie Urteil und Sinn verderben. Wir Heutigen sehen umgekehrt im *Irrtum* die Ursache der Krankheiten, d. h. in seelischen Fehleinstellungen und Fehlhaltungen, die sich infolge der Leib-Seele-Einheit körperlich leidbringend auswirken.

Mantegazza behauptete, daß „von hundert Krankheiten fünfzig durch eigene Schuld entstanden und vierzig durch Unklugheit.“ Zweitausend Jahre früher beklagte schon Demokrit die Kurzsichtigkeit der Menschen, die „die Götter um Gesundheit anflehen und nicht sehen, daß sie *selbst* die Macht darüber besitzen.“

Tausendfache Lebenserfahrung lehrt, daß wir so schwach oder stark sind, wie wir uns fühlen und bejahen. Jeder Gedanke, den wir in Bezug auf unser Krank- oder Gesundsein hegen, ist ein Appell an alle Zellen und Organe des Körpers, das Vorgestellte zu verwirklichen.

Die moderne Psychosomatik hat gezeigt, wie weitgehend alle organischen Verstimmungen und Krankheiten Auswirkungen seelischer Unstimmigkeiten und Selbstkränkungen sind. Da die primären Ursachen der meisten Leiden seelisch-geistiger Art sind, sind sie vom *Geiste* her überwindbar – durch seelische Harmonisierung und Wiederherstellung der gestörten inneren Ordnung und Einheit. Ist die Seele gesund, folgt der Körper nach.

Sinnerfüllte Lebensführung schließt nicht nur äußeres Wohlergehen, sondern auch körperliches Wohlsein ein. Denn auch der Körperzustand ist geistbedingt. Darauf Einfluß zu gewinnen, ist sogar leichter als die Schicksalsbestimmung von innen her.

Wir üben diese Kunst täglich – nur zumeist in falscher Richtung, indem wir vorwiegend an Unpäßlichkeiten, Krankheiten und Altsein denken und davon reden, statt unser Wohl- und Gesundsein, Jung- und Glücklichsein zu bejahen.

Wenn jeder Körperzustand seine geistige Komponente hat, kann er durch Änderung der seelischen Haltung und Schaltung gewandelt werden. Was wir sein und erreichen wollen, müssen wir zuerst in Gedanken sein, es im Geiste als unseren Zustand und Besitz vorwegnehmen. Das bedeutet Ersatz aller ängstlichen, zweifelnden, furchtbetonten und sonstwie negativen Gedanken und Gefühle durch vertrauensvolle Bejahung unseres Heilseins von innen her, durch Entfesselung unseres Heilmuts.

Wohl dem, der keinen Augenblick die Hoffnung aufgibt, sondern an die Gesundung glaubt! Er hat die beste Aussicht, seines Leidens Herr zu werden. Wenn er sein ganzes Vertrauen in seinen Arzt setzt, tut er den ersten Schritt zur Gesundung. Wenn er von einem Medikament Hilfe erwartet, verdoppelt er dessen heilbringende Wirkung. Und wenn er an die Heilkraft des *Geistes* glaubt und dem inneren Arzt, der sorgt, daß alle Zellen und Organe ihre Pflicht tun, im voraus für seine Hilfe dankt, tut er den letzten Schritt zum Heilwerden und Gesundbleiben von innen her.

„Neun Zehntel unseres Glücks beruhen auf der Gesundheit. Mit ihr wird alles ein Quell des Genusses; hingegen ist ohne sie kein äußeres Gut, welcher Art es auch sei, genießbar.“ Dieses Schopenhauer-Wort kann gerade heute nicht oft genug wiederholt werden. Findet man doch immer seltener Menschen, die von den Krankheitsängsten und -suggestionen, die wie Fisch-Schwärme das Meer des kollektiven Unbewußten durchziehen, unberührt und unbeeinflußt sind. Und zugleich kann nicht eindringlich genug betont werden, daß *jeder weit gesünder sein kann, als er sich fühlt,* wenn er sich gewöhnt, statt Krankheiten zu fürchten, sein *Gesundsein* als den ihm allein gemäßen Zustand zu bejahen.

Denn der Körper ist Werkzeug und Wirkstätte des Geistes und vom Geiste her lenkbar. Jeder positive Gedankenimpuls wird über Gehirn und Nerven zu den Organen und Zellen getragen und bestimmt ihre Arbeit. Da unsere *Gesundheit* entscheidend von unserer *Gesinntheit* abhängt, gilt es, für positive Gesinntheit und Wohlgestimmtheit zu sorgen; das Wohlbefinden des Körpers folgt dann von selbst nach.

Unsere Einstellung bestimmt, ob wir gegen Krankheiten gefeit oder anfällig sind. Der Bejahende übersteht Verletzungen und Leiden, denen andere erliegen. Eine Wunde, die bei ängstlich und negativ Gestimmten zu Komplikationen führt, schließt sich und heilt bei ihm über Nacht. Jeder Arzt kennt diese beiden: den Optimisten, der rasch gesundet, und den Krankheitsgläubigen, der nie ganz geheilt ist und ständig leidend dahinsiecht...

Mit Recht spricht man von *leib-seelischen Wechselwirkungen:* wie ein Gallenleiden Gereiztheit auslöst, so können seelische Depressionen Gallenerkrankungen bewirken, bewußte seelische Hochstimmung die Galle wie die anderen Organe zu normaler Funktion veranlassen.

Die meisten Menschen entfesseln diese Wechselwirkungen einseitig nach der *negativen* Seite: körperliche Unpäßlichkeiten lösen bei ihnen seelische Verstimmungen, Unlust, Niedergedrücktheit aus, und umgekehrt.

Der ebenso leicht durchführbaren *positiven Schaltung* — der Umstimmung des Körpers von Unpäßlichkeit auf Gesundsein durch Hochstimmung des Geistes — bedienen sich nur wenige. Diese wenigen aber wissen, wie wahr Goethes Wort ist: „Es ist unglaublich, wieviel der Geist zur Erhaltung des Körpers vermag. Der Geist muß nur dem Körper nicht nachgeben", sondern durch beharrliche Gesundheitsbejahung den Körper von innen her durchkraften, hochstimmen und erneuern.

Sie beweisen, daß der Körper jederzeit und bis ins höchste Alter regenerationsfähig ist — vom Geiste her. Denn seine Lebens- und Abwehrkräfte hängen von der geistigen Haltung ab. Alle anderen Faktoren sind zweitrangig.

Da Gesundheit wie jeder Zustand *steigerungsfähig* ist, sollten wir uns die Bejahung unseres Gesundseins zur Gewohnheit machen, also beim Aufwachen damit beginnen, sie mit der Körperpflege und Nahrungsaufnahme bewußt fortsetzen und uns bei der Arbeit wie bei der Erholung immer wieder daran erinnern. Wir werden uns dann von Tag zu Tag gesünder fühlen — und es auch *sein.*

Von *Juvenal* stammt das Wort „mens sana in corpore sano“ – Ein gesunder Geist in einem gesunden Leib –, das zumeist dahin mißverstanden wird, ein gesunder Körper sei die Voraussetzung eines gesunden und starken Geistes. In Wahrheit ist der Zustand des Körpers geistbedingt. Ein bejahender Geist schafft sich ein leistungsstarkes Körperwerkzeug.

Eine der höchsten Wahrheiten, denen der große Menschenkenner und Menschenfreund *Pestalozzi* in seinen Reden Ausdruck gab, ist das Wort: „Der Mensch lebt nur im Heiligen, Göttlichen, das tief in seiner Natur liegt, *ewig*, und er ist nur in diesem und nur durch dieses *unsterblich.*“ Das kann uns bewußt machen, daß nicht nur alles Heil, sondern auch die Quelle des Heilseins in uns ist.

Wie alle Organismen Ausdruck des Offenbarungswillens des Geistes des Lebens sind, so ist auch der menschliche Körper Gewand und Werkzeug des Geistes, der kein schwaches und krankes, sondern ein heiles und vollendetes Mittel zur Selbstverwirklichung will. Darum ist er immerfort am Werke, alle Schäden, die wir durch unser falsches Denken und Leben laufend verursachen, in unablässiger Erneuerungsarbeit von innen her zu beseitigen.

Er kann dies um so vollkommener, je weniger wir sein Wirken durch Unruhe und Furcht, Ärger und Sorge hemmen und je bewußter wir unser Stark- und Heilsein von innen her bejahen.

Schon das Aussprechen von Mißgefühlen, die gedankliche Beschäftigung mit möglichen Leiden und Gefahren bereitet diesen den Boden. Denn was wir in Gedanken, Gefühlen und Worten festhalten, setzt sich in unserem Leibe und Leben fest. Jede Furcht zieht das Befürchtete herbei und mehrt seine Macht. Wo aber alles Denken und Fühlen auf positive Wirklichkeiten gerichtet ist, da finden Krankheiten und Mißstände keinen Boden.

Wer sich vom Geist geleitet weiß und ihn wirken läßt, wer seiner Geborgenheit im Ewigen, das in ihm ist, gewiß ist, der ist gegen Übel gefeit.

Von Natur aus sind wir auf Gesundsein angelegt. Leid und Not entstehen nur, weil wir weithin falsch denken und leben und die Natur verfälschen. Unser Gesundsein hingegen ist Ausdruck der Harmonie von Geist, Seele und Leib und entspricht dem Willen des Geistes des Lebens. Lernen wir darum, weniger aus dem Körper und mehr aus dem Geiste zu leben, aus dem Gewißsein unseres Heil- und Gefeitseins durch die Kraft des Geistes. Dann wird uns alles zum Segen.

Und versäumen wir nicht, jeden Augenblick des Alleinseins und Stilleseins zu nützen, um uns schweigend einwärts zu wenden und bewußt aus den Quellen der Kraft zu schöpfen, die in den Tiefen unserer Seele sprudeln, vom Göttlichen her gespeist werden und uns nach dem Maße unserer gläubigvertrauenden Hingabe erquicken, erneuern und heilen.

Das ist es, was die Stimme der Stille dem Hoffenden verheißt: Je tiefer innen, desto lichter und geist-erfüllter, desto gott-näher und leid-überlegener!

Mancher sieht zu spät ein, daß er gut getan hätte, statt den Lockungen der Dinge seiner besseren Einsicht zu folgen. Denn seiner Einsicht gehorchen heißt seine Aussichten verbessern.

Shakespeare nennt die Einsicht „einen Teil vom Glück des Menschen", weil sie der inneren Wachheit entspringt, zu erhöhter Wachsamkeit für die Gunst des Schicksals führt und vor Fehlurteilen, Fehlhaltungen und Fehlschlägen bewahrt.

Solche *Einsicht* — unmittelbare Erkenntnis von Abläufen und Zusammenhängen durch innere Schau — ist mehr als Wissen. Wissen muß man erwerben; Einsicht besitzt man als angeborene Fähigkeit der Seele, man muß sich nur einwärts wenden, innerlich aufschließen und ihr gehorchen, um von ihr zu lebensgerechtem Verhalten und rechtem Handeln geleitet zu werden und zu jener Gelassenheit, die Überlegenheit verbürgt.

Der Einsichtige verbündet sich dem Genius der Erkenntnis, dem zu folgen Fortschritt und Glück bedeutet. Der Einsicht gehorchend, gelangt er zur Weite und Helle des inneren Menschen und erhebt sich damit über die Enge und Ängstlichkeit des äußeren, den die Unterschätzung seines wahren Standes und die Überschätzung der Umstände so leicht das Falsche tun läßt.

Der Einsichtige folgt wie Paulus (Röm. 7, 22) „der Lust an Gottes Gesetz nach dem inwendigen Menschen", also nicht den Sinnen, die in die Sonderung führen, sondern der Stimme von innen, die zur Einsicht leitet.

Emerson würde sagen, daß der Mensch, sowie er nach

innen sieht und der Einsicht folgt, aus dem Dunkel der Ichhaftigkeit in die Helle der ‚Überseele' tritt, daß er teil hat an der Klarheit und Wahrheitssicht des Überbewußtseins — jenes genialen Bewußtseins, das im Innersten des Menschen seinen Sitz hat.

Solche Einsicht ist immer Frucht der Einheit des Menschen mit sich selbst, mit dem Leben und dem Ewigen. Auf sie achten heißt weiser werden. Weiser werden heißt dem Geist der Wahrheit folgen und zur Fülle des Lebens finden.

Das meint des Dichters Wort: „Nach wahrem Reichtum willst Du streben? An jeder Stätte ist der rechte Platz. Such' aus dem Dunkel Deinen Geist zu heben, und sicher hebst Du einen Schatz", weil Einsicht hellsichtig macht für den verborgenen Reichtum des Lebens.

Allein der Einsichtige, der Weise — sagt Buddha — ist seines Lebens Herr: er wird sich selber zur Leuchte, sich selber zur Zuflucht und bedarf weder fremder Führung noch fremder Hilfe.

72 LEID ZU LEHRE ERHÖHEN!

Allen Leidenden und Bekümmerten möchte man die befreiende Wahrheit bewußt machen, die Smiles aussprach, „daß jede Not, von der einen Seite betrachtet, ein Unglück und, von der anderen Seite gesehen, eine Schule ist."

Schon Demokrit forderte: „Ist Deine Seele erstarrt durch unbezwingbares Leid, so suche es zu lösen durch vernünftige Überlegung." Aber die meisten lassen sich durch die Not zum Grübeln verleiten und geraten dann in tiefere Zerrissenheit und Ungewißheit. Weise handelt erst, wer sich besinnt, daß in der Schule des Lebens auch das *Leid* lichtwärts leitet, sowie es zur *Lehre* erhöht wird. Wird es als Weisung erkannt und seine Weisheit begriffen, weicht das Dunkel des Leides dem Licht der Erkenntnis.

Schon wenn ein Leid uns nach *innen* weist, wird es Lehre und Leite. Denn innen ist Licht und Lösung und Der, der uns hilft, das Leid in eine Stufe zu verwandeln, über die hinweg wir höherschreiten.

Die Schule des Lebens bedient sich des Leids, weil, wie Pestalozzi sagt, „das Auge des Leidenden für die Wahrheit am weitesten geöffnet ist" und weil der Mensch nur zu oft „erst durch das Leid erfährt, daß er göttlichen Ursprungs ist und nicht ein Tier." Es weist ihn auf Unvollkommenheiten, die in Vollkommenheiten verwandelt, und auf Kräfte, die durch das, was uns leidig ist, gelockert, gelöst und zum Wirken angeleitet werden wollen. Ist die Aufgabe erkannt, erweist sich, daß auch die Gaben und die Kräfte zu ihrer Meisterung da sind.

Weil Leid zumeist *Leiden am Ich* ist, weicht es der Selbst-Besinnung — und ebenso dem Blick auf das Nächste: *den Nächsten* und dessen Not. Sowie wir von uns weg und auf den Nächsten sehen und seiner Not abhelfen, weicht im gleichen Maße das eigene Leid größerer Einsicht und Gewißheit.

Wir entdecken dann beglückt, daß die Tür unseres eigenen Kerkers offen stand. Vorher, in unserer Ichbezogenheit und -gefangenschaft, sahen wir es nicht. Nun aber stehen wir draußen, selbst frei und erlöst.

Daß Liebe Kraft weckt, Kraft Halt gibt, Halt Mut entfacht und der Mut uns aufwärts führt, ist kein billiger Trost, sondern eine Lehre des Lebens. Dem, der ihr folgt, wachsen Flügel der Freude, er meistert sein Ich und löst sein Leid. Lernend, wird der Schüler zum Lebensmeister, der der ‚Weisheit des Brahmanen' folgt: „Mit heiterm Angesicht der Erde Leid ertragen, das ist des Himmels Lust, das läßt uns nicht verzagen."

In Wahrheit sind wir alle *ewig Lernende.* Solange wir willig lernen, vom Wissen zur Weisheit weiterschreiten und der Liebe lösende Kraft entfalten, bedarf es der Stachel des Leides nicht. Selig darum die Lernbereiten, die wissen, daß auch das Leidige, das uns auf unserem Erdenwege begleitet, uns läutern und lichtwärts leiten will!

Und glücklich alle, die sich von dieser Erläuterung zu höherer Leistung ermutigen lassen! Denn die Lernenden sind dem Rettenden am nächsten.

73 DIE GLÜCKSBEREITSCHAFT STEIGERN!

Glück und Unglück sind keine Zufälle; sie können je nach der Denkrichtung und geistigen Haltung des Menschen angezogen oder ferngehalten werden. Jeder weiß, daß es *‚Unfäller'* gibt; Menschen mit erhöhter *Unfallbereitschaft,* die sie für Mißgeschicke und Unglück geradezu anfällig macht und Frucht vorwiegend negativer Stimmung und Haltung ist.

Wenn der Mensch von heute scheinbar unglücksempfänglicher geworden ist, so nicht zuletzt deshalb, weil sein Denken und Gestimmtsein, unter anderem durch die Organe der Masseninformation und -suggestion, überwiegend negativ imprägniert und im gleichen Maße für kollektive Schicksalseinflüsse empfänglicher gemacht wurde.

Wenn man den Berichten über Diebstähle, Morde und andere Verbrechen, Verkehrs- und sonstige Unfälle, den Unglücks- und Katastrophennachrichten aus aller Welt die wenigen positiven und erfreulichen Informationen gegenüberhält, könnte man meinen, daß das Unglück im Leben der Menschen mehr und mehr zunehme und das Glück zurückweiche. Tatsächlich ist aber das Überwiegen negativer Nachrichten eine Folge einseitiger Sicht, die dem Tieferblickenden die Notwendigkeit bewußt macht, um so entschiedenener auf das Positive und Ermutigende im Lebensgeschehen zu blicken.

Denn wohin wir blicken, dorthin gelangen wir. Unsere vorwiegende Denkrichtung entscheidet über das, was das Leben an uns heranträgt und was uns davon trifft.

Ludwig Klages erkannte, daß im Zuge der Vermassung des Menschen sein Charaktergefüge schwächer wird und im gleichen Maße seine seelische Widerstandskraft gegenüber kollektiven Schicksalseinflüssen abnimmt. Dieser Prozeß wird durch die ständige Berieselung mit negativen Nachrichten in Wort und Bild beschleunigt. Um so unerläßlicher ist es für jeden Einzelnen, durch Selbstbesinnung und Kraftbejahung seine *Glücksbereitschaft zu steigern,* weil er dadurch zugleich für negative Einflüsse und Mißgeschicke unerreichbar wird.

Wir werden alle unablässig vom Kollektiven Unbewußten her beeinflußt. Wer sich aber auf sich selbst besinnt und bestrebt ist, er selbst zu sein, wird nach und nach gegenüber Fremdeinflüssen immun; und im gleichen Maße nimmt sein Vermögen zu, über Mißerfolge und Katastrophen hinwegzukommen und Glück anzuziehen, wie die Häufung günstiger Zufälle und erfreulicher Erfahrungen in seinem Leben beweist.

Der Mensch ist also dem Unglück durchaus nicht schutzlos preisgegeben. Auch wenn er als Teil der Gemeinschaft an deren Schicksalen weithin teilhat, hängt es doch von seiner inneren Haltung ab, wieweit er davon betroffen und gefährdet wird. Je positiver die Ladung seines Wesenskraftfeldes wird, desto leichter wehrt er negative Trends und Einwirkungen ab und zieht positive an.

Wer seine Glücksbereitschaft gar bewußt durch Gewöhnung an Bejahung steigert, wird aus einem Schicksalserleider allmählich zum Gestalter und Bestimmer seines Schicksals. Jede Besinnung auf das eigene Wesen, jeder Impuls des Selbstdenkens und Selbstseins macht ihn unerreichbarer für depressive und destruktive Tendenzen der Umwelt und aufgeschlossener für Glücksmöglichkeiten, sicherer und geistesgegenwärtiger, wacher und freier.

Er stützt sich nicht mehr auf äußere Sicherungen, sondern weiß sich von innen her stark und geborgen und offenbart jene Überlegenheit, die ihn in allen Lagen des Lebens Herr seiner selbst und seines Schicksals bleiben läßt.

74 WUNSCH IN WIRKLICHKEIT WANDELN!

Daß wir so wenig Wunschverwirklichungen erleben, rührt daher, daß wir zu viele Wünsche haben und darum zu geringe Kraft auf den einzelnen richten. Unsere Verwirklichungskraft gleicht einem in tausend Rinnsale geteilten Strom, von denen keines tief genug ist, unser Lebensschifflein vorwärts zu tragen . . .

Wenn wir aber alle Einzel-Bäche zu einem *einzigen* Wunsch- und Willensstrom zusammenfließen lassen, erlangt er die Kraft, uns an das Ziel unseres Wünschens zu tragen.

Rechte Wunschverwirklichung beginnt damit, daß wir uns über unsere verschiedenen Wünsche und Ziele klar werden, aus ihrem Vielerlei das wichtigste und höchste Wunschziel auswählen und uns ausschließlich seiner Erreichung widmen. Wenn wir unser Ziel kennen, also wissen, was wir als erstes erreichen wollen, verzehnfacht sich unsere Aussicht, Erfolg zu haben und ein Erfolg zu werden.

Der *stärkste Wunsch* ist nicht der, der unsere Gier und unseren Ehrgeiz am raschesten zu befriedigen verspricht, sondern, der auf weite Sicht das höchstmögliche Wohl für uns und zugleich für andere Wesen verheißt, der unser Herz am höchsten schlagen läßt, unserem inneren Lebenswillen — dem eingeborenen Verlangen nach Selbstverwirklichung, Kraft und Fülle, Aufstieg und Geborgenheit — am vollkommensten entspricht.

Die Sammlung auf diesen stärksten Wunsch und die Richtung unseres Denkens und Planens, Wollens und Tuns auf seine Verwirklichung bedeutet nicht die Unterdrückung oder Aufgabe der anderen Wünsche, sondern nur die Festlegung der rechten Reihenfolge nach Wert und Wichtigkeit.

Sie besagt auch nicht, daß wir nur *eine* Chance im Leben haben, sondern nur, daß wir *nur eine zur Zeit* haben und sie nur dann auszuschöpfen vermögen, wenn wir ausschließlich auf diese eine gesammelt bleiben, bis das Ziel erreicht ist. Danach erst werden wir uns mit Erfolg der Verwirklichung des zweitstärksten Wunsches widmen.

Wenn wir so vorgehen, erkennen wir mit Goethe, daß „unsere Wünsche Vorgefühle der Fähigkeiten sind, die in uns liegen, Vorboten dessen, was wir zu leisten imstande sein werden. Was wir können und möchten, stellt sich unserer Einbildungskraft außer uns und in der Zukunft dar; wie fühlen eine Sehnsucht nach dem, was wir schon im Stillen besitzen. So verwandelt ein leidenschaftliches Vorausgreifen das wahrhaft Mögliche in ein erträumtes Wirkliches“, und aus der beharrlichen Konzentration darauf erwächst in schrittweiser Zielannäherung schließlich die *Wunschverwirklichung.*

Zugleich zeigt sich dabei, daß wir, wenn wir auf einen einzigen Wunsch gesammelt bleiben und unser Ziel unbeirrbar im Auge behalten, weit wacher für alle günstigen Zufälle sind als jene, die jeden Tag neue Wünsche, aber kein Lebensziel haben. Die Wunschkonzentration macht hellsichtiger für Glücksmöglichkeiten und hellhöriger für die Winke des Schicksals.

Wer so seiner Wünsche Meister bleibt, schreitet von Erfüllung zu Erfüllung und gelangt am Ende dahin, daß er sich, statt von den Tageswünschen, von der inneren Führung lichtwärts leiten läßt — und dann seine einstigen Wünsche, soweit sie weise waren, von selbst erfüllt sieht.

75 DAS WILLENSKRAFTFELD ERWEITERN!

Zu den positiven Verhaltensweisen, deren Aneignung uns die Meisterung des Leibes und des Lebens erleichtert, gehört die Übung und Stählung des Willens. Sie kann dahin führen, daß das Kraftfeld des innerlich geeinten Willens mit der Zeit so stark wird, daß es immer größere Bereiche zuerst des inneren und dann des äußeren Lebens einschließlich des Denkens und unbewußten Strebens der Mitmenschen im Sinne des lebendigen Fortschritts aller durchdringt und sich gleichrichtet.

Diese Erweiterung des Willenskraftfeldes führt zu höchster Sinnerfüllung des Lebens, wenn sie von Anfang an in Zusammenarbeit mit der inneren Führung und mit dem Ziel des *Einsseins des Ich-Willens mit dem All-Willen* vorgenommen wird.

Wo diese Haltung vorherrscht, entfaltet und offenbart sich das schlummernde Schöpfertum der Seele und ihre edelsten Tugenden treten ans Licht: Lebensmut und Selbstvertrauen, das zugleich Gottvertrauen ist, und jene großherzige Güte und heitere Gelassenheit, die Kennzeichen wahren Menschentums und Garanten jener ständigen Höherentwicklung sind, die der Dichter-Seher meint:

„Je mehr sich hier die Willenskraft erweitert,
Je mehr sich hier durch Druck und Last,
Durch Kampf und Gegenkampf empor die Seele läutert,
Je mehr sie Freiheit dort umfaßt."

Der solchermaßen erweiterte und geeinte Wille empfindet sich mehr und mehr als ein aus der Allkraft des Ewigen gespeistes Geistkraftfeld, das seine Ideale und Aufgaben mit der Unwiderstehlichkeit eines Naturereignisses erfüllt. Dies deshalb, weil sein Wollen auf das höchste ethische Ziel fortschreitender Vervollkommnung abgestimmt ist und mit dem Schöpferwillen übereinstimmt.

Solche Willensausrichtung ist, wie Dingler mit Recht feststellt, „genau dasselbe, wie sie sich in der religiösen Überzeugung ausdrückt, daß ‚denen, die Gott lieben, alle Dinge zum Besten dienen'. Denn wer nach dem obersten Ziel strebt, der zieht wie ein Magnet das ihm ethisch Förderliche an. Er weiß, daß er auf dem rechten Wege ist, auf dem ihm das Bestmögliche von selbst zufällt. Er hat Vertrauen, fühlt sich in seinem rechten Wollen vom tiefsten Sinn allen Daseins getragen und gibt sich darum ruhig dem Geschick anheim, in die Hand Gottes."

Der aus solcher Willensgeeintheit heraus Handelnde weiß sich im Einklang mit den letzten Tendenzen allen Menschentums. Und er weiß, daß er, als der Stärkere, allen Gegenmächten zum Trotz am Ende immer der Gewinnende ist.

76 DEN CHARAKTER VEREDELN!

„In Deiner Brust sind Deines Schicksals Sterne", sagt Schiller und stellt damit klar, daß nicht die Konstellation der Gestirne oder sonstige äußere Umstände die Zukunft des Menschen bestimmen, sondern die Kon-

stellation seines *Charakters* als des eigentlichen Quellgrundes seines Geschicks. In der Tat lassen sich aus dem Charakter die Verhaltens- und Reaktionsweisen eines Menschen erkennen und aus diesen wiederum der positive oder negative Verlauf seines Lebens ablesen.

Da Charakter *Schicksal* bedeutet, ist die Frage berechtigt, ob Charakterwandlungen und damit Änderungen des Lebenslaufs möglich sind. Diese Frage ist zu bejahen. Das *Wie* ergibt sich aus dem Wesen des Charakters:

„Charakter" heißt wörtlich ‚Eingegrabenes', ‚Gepräge' und meint die Gesamtheit der Eigenheiten und Besonderheiten eines Wesens, das, was in allem Wechsel der Erscheinungen *bleibt,* sich bewährt und bewahrt wird. Das ‚Knochengerüst des Charakters', seine Grundstruktur, ist als Erbe der Vergangenheit bei der Geburt gegeben, aber gleichfalls vom Geiste her wandelbar.

Das deutsche Wort *„Wesen"* macht das noch deutlicher: es bezeichnet das *Wesentliche,* die besondere Weise, wie einer denkt und lebt, das unverwesliche Gewese, das innewohnende Bleibende, die Geistgestalt des Menschen, die als lebendiger Organismus in ihrer Dynamik ansprechbar und ständiger Veredelung und Vervollkommnung fähig ist.

Diesterweg sagt mit Recht, daß sich „die Kraft des Charakters durch nichts ersetzen läßt, weder durch Geduld noch Demut, ja nicht einmal durch Frömmigkeit". Denn er ist das Fundament, von dem her alles Wollen und Tun erst seine Zielrichtung, Festigkeit und Stetigkeit erhält. Aber ebenso wahr ist, daß, wie Smiles erkannte, „Zucht und Übung auf die Bildung des Charakters einen bedeutenden Einfluß haben."

Wer mit der Lebenskunst vertraut ist, weiß, wie der Charakter veredelt wird: durch Gedanken und durch Züchtung neuer Gewohnheiten. Denn jeder eingegrabene Charakterzug ist Ergebnis vieler gleichgerichteter Gedanken. Ein Gedanke, der wiederholt wird, schafft sich eine winzige Rille, die mit jeder neuen Wiederholung tiefer — zur Neigung — und im weiteren zu einer unwillkürlich eingeschlagenen *Gedankenbahn* — zur Gewohnheit — wird, bis schließlich der *Charakterzug* geschaffen ist, der alsdann nur durch eine neue Gewohnheit entwurzelt und gewandelt werden kann …

Eben weil der Mensch ein Gedankenwesen ist, ist sein Charakter bildsam und in langsamer, aber stetiger Wandlung begriffen. Sie gleicht der Bewegung der Fixsterne, die den Augen nicht wahrnehmbar ist, weil die Änderungen der Konstellationen erst in Jahrhunderttausenden deutlich werden: ähnlich sind die Änderungen des menschlichen Charakters zumeist nur im Laufe der Jahre sichtbar.

Jeder lichte Gedanke, jede Bejahung und Betätigung der positiven Neigungen und Eignungen, Kräfte und Talente unseres Wesens bewirkt eine Veredelung unseres Charakters und macht ihn selbständiger und umwelt-unabhängiger.

Über die Autarkie des Charakters, die *geistige Selbständigkeit,* ist noch zu sprechen. Sie wird am sichersten erreicht, wenn wir uns oft in Stille und Meditation nach innen öffnen und das Gespür für den leisen *Zug nach oben* erwecken. Denn diesem Zuge folgen heißt unseren Charakter in ständigem Fortschreiten veredeln und unser Leben verwesentlichen.

77 DURCH GLAUBEN EMPFANGEN!

„Wenn ich mehr Hilfe erführe, würde ich eher an das Gute glauben", denkt mancher und berührt damit, ohne es zu wissen, den Grund seiner Not. Denn das Leben lehrt und fordert gerade das Gegenteil: *Wenn Du mehr Glauben hättest, würdest Du mehr Hilfe erfahren!*

Was Goethe von der Menschheit sagt: „Alle Epochen der Geschichte, in denen der Glaube herrschte, waren glänzend, herzerhebend und fruchtbar für die Mit- und Nachwelt, während die Perioden des Unglaubens nur ein kümmerliches Dasein fristeten", das gilt gleichermaßen für den einzelnen Menschen: je fester der Glaube, desto stärker strömt die Fülle in sein Leben.

Daran ist nichts Wunderbares. Denn *Glaube* ist jene Kraft der Bejahung, die nicht nur zum besseren Sehen und Erkennen, sondern auch zum Anziehen und Wirksamwerden alles Guten führt. Glaube meint nicht *Fürwahrhalten* im Sinne einer Konfession, sondern die in jedem Menschen vorhandene Kraft des *Wahrmachens*, die, von der Allkraft gespeist, der Tiefe des Gemüts entquillt und zur Verwirklichung des als realisierbar Erkannten und Bejahten führt.

Alle Großen sahen im Glauben das Fundament eines glücklichen Lebens, weil er alles, was er durchlichtet, in Quellen inneren und äußeren Wachstums verwandelt. Wie der Nicht-Glaubende immer ein Darbender ist, so der zum Glauben Bereite stets ein Empfangender.

Was der Wille anstrebt, aber oft mit aller Mühe nicht erreicht, das gewinnt der Glaube ohne Mühe durch die Kraft der Bejahung. Und das Beglückende ist, daß *jeder* diese Kraft entfalten kann.

Denn – wie ein Dichter sagt – „niemand glaubt wirklich an etwas, das er nicht in sich selber irgendwie als realisierbar spürt". Und die Lebenserfahrung zeigt, daß der Glaubende für alles Förderliche zehnmal aufgeschlossener, anziehender und empfänglicher wird. Deshalb rät Goethe mit Recht: „Halte am Glauben fest und fest an dieser Gesinnung; denn sie macht im Glücke verständig und sicher, im Unglück reicht sie den schönsten Trost und belebt die herrlichste Hoffnung." Sie leitet von der zuversichtlichen Erwartung des Guten zur Fülle.

Schon die Sehnsucht, der Wunsch, an das Gute zu glauben, bringt die Kraft der Verwirklichung zum Fließen, und Beharrlichkeit führt zu ständig stärkerem Nachstrom der Kraft. Die stete Bejahung: „Ich glaube an die Macht des Guten und an mein Glück!" macht nicht nur sicherer und stärker, sondern auch aufgeschlossener und empfänglicher für alles Gute.

So werden wir, wie Paulus sagt, gerecht durch den Glauben: lebensgerechter und vom Glück gesegneter. Wir gelangen zum Frieden mit uns selbst und mit Gott und erfahren, daß denen, die an die Macht des Guten glauben, alle Dinge zum Besten dienen. Denn wer glaubt, wendet sich dem *Lichte* zu, wird selbst lichter und durchlichtet sein Leben.

78 IDEALE VERWIRKLICHEN!

Jeder Mensch trägt geheime Erwartungen und Wünsche, Hoffnungen und Ideale in sich, die weit über das bisher von ihm Erreichte hinausgehen. Aber es genügt nicht,

Wünsche und Ideale zu *haben;* es gilt, sie zu *verwirklichen.* Und das ist leichter, als die meisten ahnen.

„Wer irgendein Ideal, das er ins Leben ziehen will, in seinem Innern hegt und nährt, ist dadurch gegen die Gifte und Schmerzen der Zeit gefeit." Dies Wort Jean Pauls ist wahr, weil die beharrliche Bejahung eines Ideals, die zähe Verfolgung eines Zielgedankens neue Kräfte in ihm mobilisiert und auf sein Ziel hin in Bewegung hält, die es ihm ermöglichen, seine Ideale zu verlebendigen und sein Leben zu idealisieren, zu durchlichten.

Die Kraft der Gedanken, die Macht gläubiger Bejahung gehört zu den wirksamsten Waffen im Lebenskampf. Gedanken sind wirklich, weil sie unablässig *wirken:* jedes Wunschbild, jedes Ideal, das wir unbeirrt festhalten, gewinnt Leben und beginnt im Rahmen des naturgesetzlich Möglichen nach seiner Verwirklichung zu streben. Mit jeder neuen Bejahung gewinnt es an Gefühlsbetontheit und Durchsetzungskraft und trägt dazu bei, daß wir das werden, was wir vorwiegend denken, und dorthin gelangen, wo wir uns im Geiste am häufigsten sehen.

Eben darum ist es so wichtig, daß wir unsere Gedanken überwachen und mehr und mehr nur noch solche Vorstellungen und Ideale in uns dulden und nähren, deren Erfüllung wir ersehnen, und allen denen den Zugang zu unserem Innern verwehren, deren Verwirklichung uns und anderen Wesen Leid bringen würde.

Und noch wichtiger ist, daß wir lernen, nicht nur Leben und Beruf, sondern auch *uns selbst zu idealisieren,* also beständig ein mit allen Vollkommenheiten ausgestattetes Bild unserer selbst, unserer Fähigkeiten und unserer großen Zukunft vor Augen haben — so, wie wir sein möchten: stark und gesund, mutig und zielbewußt, produktiv, glücklich und erfolgreich.

Dann wird die akkumulierte Verwirklichungskraft der inneren Vorstellungen eine mit der Zeit immer deutlicher hervortretende Umstellung in unserem Wesen und in unseren Verhältnissen herbeiführen.

Diese Fähigkeit der Selbst- und Lebens-Idealisierung und die Kraft der Ideal-Verwirklichung steckt als Naturanlage in jedem von uns und muß nur recht entfaltet und positiv betätigt werden: durch beharrliche Bejahung alles Guten und Schönen, das wir werden, haben und erreichen möchten.

Weise handelt, wer die letzten Minuten am Abend und die ersten am Morgen jedes Tages dazu benützt, das Idealbild seiner selbst und seines Lebens ständig auszubauen. Denn „aus Luftschlössern entstehen die Paläste der Erde", wie Mulford sagt, aus bejahten Idealen erblüht das neue Leben, das immer höher führt.

In Wahrheit hat der Mensch, wie Wilhelm Raabe ergänzt, „nichts Besseres als dieses ständige Streben nach oben; denn ohne dasselbe bleibt er der Erde verhaftet, mit ihm aber und durch dasselbe richtet er sich aus der Leibeigenschaft des Staubes auf" und steigt zu den Sternen.

79 WAGEMUT MIT TATKRAFT PAAREN!

„Ein Pfund Mut ist mehr als eine Tonne Glück." Dieser Wahlspruch des amerikanischen Präsidenten Garfield meint jenen geistigen Mut, jene seelische Unerschrockenheit, die aus dem Selbst- und Lebensvertrauen und dem

Glauben an den Unendlichen Geist des Guten erwächst — jenen Mut der Überzeugung, daß man auf dem rechten Wege und daß Gott mit einem ist: „Gott und ich sind immer die Stärkeren!"

Erst in der *Gefahr* zeigt sich, wie Jean Paul sagt, was im Menschen steckt. Der Furchtsame erschrickt *vor* der Gefahr — und wagt darum nichts —, der Mutlose erschrickt *in* der Gefahr — und erliegt ihr —, während der Mutige *nach* der Gefahr erschrickt — und im gleichen Augenblick lächelt, da sie bereits überwunden ist.

Der mutig Wagende gewinnt, weil sein Mut die Waage hält zwischen Kleinmut und Übermut. Diese Mittelstellung gibt ihm Stärke und Überlegenheit und läßt ihn das Höchste erreichen. Solch Wagemut setzt Gedanken in Wirklichkeiten um, wie Tatkraft Tatsachen schafft. Wo beide sich paaren, kürzt sich der Weg vom Wollen zum Vollbringen, vom Ideal zur Verwirklichung. Beide vereint weiten den Blick, lassen Zusammenhänge begreifen und Möglichkeiten ergreifen, die dem ängstlich vor sich Hinstarrenden verborgen bleiben, und erheben so das Mögliche im Schwung kühnen Wagens zur Wirklichkeit.

Die hier noch Zagenden und Zaudernden sollten sich von der Erkenntnis beglücken und anspornen lassen, daß der Wagemut wie die Muskelkraft durch Betätigung und Übung ständig stärker wird. Wer *einmal* etwas wagte, wird künftig immer williger ein Wagnis auf sich nehmen und jedesmal rascher vorankommen. Das Schicksal gleicht dem Papier, das, einmal gefaltet, sich immer leichter falten läßt. Es ist wie beim Schwimmunterricht: was beim ersten Sprung noch Sorgen machte, bereitet im weiteren Vergnügen.

Wir besitzen alle zehnmal mehr latenten Mut und schlummernde Tatkraft, als wir ahnen und uns zutrauen. Wir müssen uns nur bewußt machen, daß ein Riese und ein Zwerg in uns wohnen und daß es gilt, nicht auf die ängstliche Stimme des *Zwerges in uns* zu hören, sondern dem *Riesen in uns* zu vertrauen, der allem Äußeren überlegen ist! Denn solange wir auf den Zwerg in uns hören, ergeht es uns wie im Angsttraum, in dem unser Fuß im zähen Teig der Widerstände stekken bleibt...

Vertrauen wir hingegen dem Riesen in uns, werden wir ‚mit Riesenschritten den Kreis des Vollbringens durchmessen'. Und dann geht uns jene wichtigste Erkenntnis auf, die Gellert aussprach und die alle Großen, alle wagemutigen Männer der Tat unbeirrt standhalten und siegen ließ: „Wen die Natur zu der *Gefahr* geführt, dem hat sie als Gefährten auch den *Mut* gegeben."

Und dieser Mut, mit der Tatkraft gepaart, erweist sich als die Fähre, die über den Strom der Fährnis sicher hinüberführt zum Ufer des Gelingens und des Glücks.

80 DER INNEREN ORDNUNG FOLGEN!

„Alles im Menschen ist Organisation. Was in ihm gedeihen soll, muß in ihm gesät werden." Was Humboldt hier vom *Menschen* sagt, gilt nach Meinung von Rationalisierungsfachleuten auch für das *Leben:* Tagewerk und Lebenslauf werden reibungsloser vollzogen, wenn von vornherein für rechte Ordnung gesorgt ist.

Nun kann man ein Meister der Selbst- und Arbeitsrationalisierung sein und doch im Leben versagen. Warum? Weil alle *Ordnung von außen her* nicht bis zum Zentrum und Kern des Menschen und des Lebens vordringt. Daß trotz äußerer Ordnung im Leben nicht alles glatt verläuft, zeigt, daß des Menschen Handeln und Schicksal nicht nur vom Rationalen her bestimmt werden, sondern auch vom Emotionalen und Irrationalen, von Denkgewohnheiten und Neigungen, Stimmungen und Trieben. Darum muß über die äußere Organisation hinaus zuerst für *Ordnung von innen her* gesorgt werden.

Äußere Ordnung hat nur so weit Sinn und Wert, als sie der inneren Ordnung — und das heißt: der natürlichen, kosmischen, göttlichen Ordnung — entspricht. Jeder Widerspruch ruft Widrigkeiten herbei.

Auch die Ordnung oder Organisation, die wir von anderen Menschen oder bestehenden Einrichtungen übernehmen und auf unser Leben übertragen, ist nicht die rechte, weil sie der Besonderheit unserer Anlagen und der Einmaligkeit unseres Wesens und Schicksals nicht gerecht wird. Echte Ordnung muß Frucht ständiger Selbst-Besinnung sein, also aus Einwärtswendung, Stille und Meditation erwachsen. Ihr geht die Erkenntnis voraus, daß alles *vom Geiste* ausgeht, wie schon Kungfutse erkannte:

„Um das Reich zu befrieden, ordneten die Alten zuerst ihr Land. Dazu wiederum schufen sie zuvor Ordnung in ihrer eigenen Familie. Um die Familie zu ordnen, sorgten sie vorweg in sich selber für Ordnung. Dazu wieder reinigten sie zuerst ihr Herz und läuterten ihre Gedanken. Um die Gedanken zu läutern, strebten sie nach Erkenntnis und Weisheit. Indem sie Erkenntnis und Weisheit gewannen, wurden ihre Gedanken lauter, ihre Herzen rein, ihr Wirken von innen her geordnet. Weil sie selbst geordnet waren, war es auch ihre Familie, ihr Land wurde gerecht regiert und das Reich lebte in Ruhe und Frieden."

Wer nur im äußeren Leben auf Ordnung hinwirkt, leistet Stückwerk. Denn das ordnende *Ich* ist der schwächste Teil unseres Wesens. Hinter ihm steht das *Es* mit seinen unbewußten Kräften und Tendenzen, die nur zu oft die äußere Ordnung über den Haufen werfen. Hinter dem Es wieder steht als höchste Macht das *Selbst,* dessen Licht und Eingebungen erst Selbstvollendung und sinnerfüllte Lebensführung möglich machen. Seine Intuitionen sind nicht Früchte bewußter Überlegung, sondern überbewußte Sichtbilder der unserem Wesen und Leben zugrundeliegenden göttlichen Ordnung und positive Impulse rechter Daseinsordnung im Sinne höchster Harmonie und Weisheit.

Wer für äußere Ordnung sorgt, handelt *klug.* Wer der inneren Ordnung folgt, handelt *weise.* Auf diese innere Ordnung zielen alle hier vermittelten Einsichten und Wegweisungen.

Wo die innere Ordnung bestimmt, stellt sich die äußere von selbst ein. Wer das beachtet, handelt wirklichkeitsgemäß und lebensgerecht und bewirkt, daß sein Leben ein Meisterwerk wird.

81 SICH WEISE LEITEN LASSEN!

Warum mißlingt mir so manches, auch wenn ich alle Gedankenkräfte beharrlich auf mein Ziel richtete?

Die Antwort liegt nahe: Die Widrigkeiten traten ein, weil die Zielsetzung der Weisheit ermangelte, weil das *falsche Ziel* angestrebt wurde.

Es ist unser Recht, die mitgegebenen schöpferischen Verwirklichungskräfte der Gedanken, des Glaubens und Wünschens in den Dienst der Selbstverwirklichung und Lebensmeisterung zu stellen und den Fortschritt zu realisieren, auf den wir angelegt sind.

Wir müssen nur beachten, daß der *Erfolg* außer von der umsichtigen Planung und unbeirrbaren Beharrlichkeit unserer Zielsetzung und Zielbejahung auch davon abhängt, daß das, was wir wollen, auf weiteste Sicht unserem Besten dient und nicht das Wohl anderer Wesen schmälert, daß es also auf der Linie unserer Höherentwicklung liegt und damit zugleich dem Willen unserer inneren Führung entspricht, der wiederum mit dem Weltwillen eins ist.

Ist dies der Fall, dann ist Erfolg das, was notwendend erfolgt. Bei Nichtübereinstimmung hingegen schaltet sich der innere Wille korrigierend und regulierend ein — und das empfinden wir in unserer Schicksalsblindheit als Durchkreuzung unseres Eigenwillens, als leidvoll, als *Mißerfolg*. Wir sehen das Ziel weiter fortgerückt, obwohl wir alle Kräfte darauf konzentriert hatten, und lösen im krampfhaften Bestreben, uns durchzusetzen, das Gesetz der das Gegenteil bewirkenden Anstrengung aus. Wir schwimmen gegen den Strom des Weltwillens und treten damit auf der Stelle oder kommen zurück ...

... In der Folge aber geht uns manchmal zweierlei auf: daß das, was wir wollten und anstrebten, bei seiner Erreichung kein Gewinn und Vorteil, sondern eine Belastung, ein Nachteil gewesen wäre, und daß der Mißerfolg Ausgangspunkt späterer Fortschritte war.

Vielleicht kommt uns auch zum Bewußtsein, was Geibels Wort meint: „Gott würde nicht so hart Dich fassen, hättest Du sanft Dich führen lassen."

Sowie wir unsere Kräfte in der falschen Richtung entfalten, hat unsere innere Führung immer zwei Aufgaben zu lösen: sie muß uns durch die mehr oder minder harten Erfahrungen, die sie uns durchmachen läßt, zur Besinnung auf die *rechte Richtung* leiten, und sie muß zugleich bewirken, daß das, was wir zu unserem Schaden anrichten, trotz allem Ausgangspunkt künftigen Fortschritts und Glücks wird. Sie löst beide Aufgaben mit einer Weisheit, die die unseres Ich weit übersteigt.

Wir tun darum gut, uns mehr von innen leiten zu lassen und das zu tun, bei dem wir spüren, daß wir recht handeln. Mit jeder Befolgung der sanften Weisungen der inneren Führung werden wir feinfühliger für ihre Winke und zielsicherer auf unserem Wege.

Und je williger wir bejahen: „Nicht wie ich, sondern *wie Du willst!*" desto sichtbarer sehen wir uns gesegnet und zu immer höheren Stufen der Vollkommenheit emporgeleitet.

82 DER HILFE VON OBEN VERTRAUEN!

In jedem Leben gibt es dunkle Stunden, in denen man vergeblich nach Hilfe ausschaut, an allem zweifelt und verzweifeln möchte ... Und doch ist gerade in solchen Stunden das Rettende am nächsten. Es will nur bejaht und gläubig ergriffen werden.

Gewiß kennt jeder den Satz, daß der Glaube Berge versetzt. Aber die meisten ziehen nicht die Nutzanwendung aus dieser Wahrheit. Sie wissen nicht, was zu tun ist, um diese Glaubenskraft zu entfesseln ... Für sie ist der beste Rat der, sich auf die Wahrheit zu besinnen, der Christus Ausdruck gab: „Ihr seid *Kinder Gottes*", und als solche in jeder Lage der Hilfe von oben gewiß zu sein.

Das bedeutet praktisch: als Kinder Gottes sind wir Träger höchster Vollkommenheit, Eigner aller Kräfte, auf unserem Wege zum Licht jede Schwäche zu besiegen, jede Not zu wenden, an allem zu wachsen und über alles hinauszuwachsen. Als Kinder Gottes sind wir Erben der Fülle des Reiches Gottes, also berufen und fähig, das Leben zu meistern und durch Glücklichmachen glücklich zu sein, statt unser Glück zu bezweifeln und am Leben zu verzweifeln.

In jedem Zweifel und Zwiespalt steckt die ‚*Zwei*', die falsche Vorstellung der Zweiheit und Getrenntheit von Mensch und Gott, die doch in Wahrheit *eins* sind. Sowie wir unser *Einssein* mit dem Geist des Lebens und seiner Kraft und Fülle bejahen und aus dem Geiste leben, wird uns die innere Führung und Geborgenheit und die Hilfe von oben immer lebendiger bewußt und gewiß.

Lernen wir darum, als Kinder Gottes *Bejahende* zu sein und Hilfe nicht von Umständen, Dingen und Wesen zu erwarten, sondern von innen und oben. Auf die Hilfe von oben vertrauen heißt nicht die Hände in den Schoß legen und nichts tun, sondern es heißt durch unser Tätigsein die Dinge in Bewegung halten und zunächst dem Nächsten zu helfen. Denn mit unserer

Hilfsbereitschaft wächst unser *Wachsein für die Hilfe von oben:*

Je williger wir — im Bewußtsein unserer Gotteskindschaft und Kraft — anderen helfend beistehen, desto spürbarer wächst unsere Kraft und die Erfahrung, daß gegenseitige Beglückung jedem doppelten Gewinn bringt.

Eben in dieser freudigen Fremd- und Selbsthilfe erweisen wir uns als Kinder Gottes, die wissen, *daß sie von oben* sind und daß ihnen von dorther jede Kraft und jeder Beistand zuteil wird, die sie gläubig bejahen und dankbar willkommen heißen.

83 DEN PUNKT DER REIFE ABWARTEN!

Wohl jeder würde einen Landmann töricht nennen, der, nachdem er die Saat dem Ackerboden anvertraut hat, jede Woche nachgräbt, um zu sehen, ob er bald ernten könne. Und doch behandelt mancher die geistige Saat, die er durch sein positives Denken in den Mutterboden der Seele einsenkte, gleich töricht, wenn er immer wieder ängstlich nachsieht, ob das Erwartete noch nicht eingetroffen ist, oder gar enttäuscht aufgibt, wenn das Bejahte nicht zur festgesetzten Stunde eintritt . . .

In Wahrheit weiß er nicht, ob seine Ziel- und Terminsetzungen das für ihn *Beste* sind; und er mißachtet auch das Gesetz der Verwirklichung, demzufolge jeder Wachstumsprozeß seine Zeit braucht und jeder Erfolg erst sichtbar wird, wenn der *Punkt der Reife* erreicht ist. Zu jeder Bejahung gehört das Wartenkönnen als Ausdruck des Vertrauens zur Hilfe von innen.

Sehr oft sind die vom kurzsichtigen Ich vorgenommenen Ziel- und Terminsetzungen Selbstbeschränkungen infolge Unterschätzung der Macht des Geistes. Nur zu oft erbittet der Mensch kleine Dinge, weil er sich nicht getraut, das Größere zu bejahen, weil er nicht glaubt, daß der Geist des Lebens sein Glücklichsein will und ihm *alles* zu geben bereit ist.

Weiser handelt, wer nicht um vergängliche Dinge bittet, sondern um Einsicht und *Weisheit,* die Wege der inneren Führung zu begreifen. Denn mit dem Wachstum seiner Erkenntnis wird ihm alles übrige dazu gegeben — auch die Geduld, den Punkt der Reife gelassen abzuwarten . . .

Der Punkt der Reife wird von zwei Faktoren bestimmt: vom Gesetz des Wachstums und vom Maß des Vertrauens. Er tritt um so früher ein, je uneingeschränkter die gläubige Bejahung ist, die Gewißheit, daß das Bejahte für den, der aus dem Geiste lebt, in Wahrheit im gleichen Augenblick Wirklichkeit ward, auch wenn es äußerlich noch nicht sichtbar ist.

Wer aus den *Sinnen* lebt, errichtet durch sein furchtbetontes kleinmütiges Denken immer wieder neue Schranken zwischen sich und dem Glück — und wundert sich, wenn so manches ‚anders kommt, als er denkt', und so vieles mißlingt.

Wer aus dem *Geiste* lebt, weiß sich in einem ständigen Reifeprozeß, in dem ihm alles, was er braucht, von selbst zur rechten Zeit zuwächst, auch ohne daß er darum bittet — einfach als Folge seines Vertrauens und seiner *Hingabe.* Er macht der höheren Führung keine Vorschriften, sondern unterstellt sich ihrer größeren Weisheit mit dem Gedanken: „Nicht wie ich, sondern *wie*

Du willst, weil Du besser als mein Ich weißt, was meinem Größer- und Vollkommenerwerden dienlich ist!"

Das Geheimnis der Erfüllung liegt in der Hingabe: wer das Kommen alles Guten gläubig bejaht und Zeit und Form der Verwirklichung gelassen der inneren Führung überläßt, der durchschreitet immer höhere Stufen der Reife, auf denen alle Dinge und Wesen zu Förderern seiner Vollendung werden.

84 AUS DEM GEISTE LEBEN!

Wenn wir dem in unserem Leben und Schicksal letztlich Wirkenden nachspüren, dann bleibt, nach Ausscheidung alles Zweitrangigen, der *Geist in uns,* dessen Werkzeug unser Bewußtsein ist.

Wir haben an unserem Körper wie an unserem Heim, an den Mitmenschen wie am Leben nur soweit teil, als wir ihrer *bewußt* sind. Und ihre Wirkung auf uns wird von der Art bestimmt, *wie* wir ihrer bewußt sind, wie wir sie sehen. Wie wir sie ansehen, so sind sie.

Was wir sehen und erleben, ist nicht nur gefärbt, sondern bestimmt durch die Einstellung unseres Geistes, die Stimmung unseres Bewußtseins, die Richtung unseres Denkens. Wie es in uns aussieht, so sieht die Welt uns an. Der *Geist,* sagt Keyserling in seinem „Reisetagebuch eines Philosophen", „säet seine Ideale in den Ackerboden der Materie, und wenn die Saat aufgegangen und reif geworden ist, erscheint die Welt verwandelt." Was uns in ihr begegnet, ist die genaue Entsprechung dessen, was in unserem Geist vorherrscht – weil unser Geist es anzieht.

Ist das so schwer zu verstehen? Besteht nicht alles, was wir um uns sehen, aus Atomen, und diese aus Elementarteilchen, die bereits nicht mehr Stoff, sondern Geist sind? Da im Reiche des Geistes Gleiches sich anzieht, wird der Satz verständlich: *„Vom Geiste geh'n die Dinge aus!"* In der Tat ist unser Geist der Bedinger der Dinge und Bedingungen unseres Lebens.

Die praktischen Folgerungen aus dieser Erkenntnis liegen nahe:

Alle Dinge und Bedingungen unseres Lebens lassen sich vom inneren Bedinger — vom Geiste her — wandeln. Wenn Dein Leben Dir nicht gefällt, ändere Deinen Geist, Deine Bewußtseinsrichtung! Sowie sich Dein Bewußtsein nicht mehr täuscht, bleiben Enttäuschungen aus. Sowie es das Leben nicht mehr schwer nimmt, nehmen die Schwierigkeiten ab. Sowie es sich läutert, wird Dein Leben freier von leidigen Dingen. Herrscht in Dir der Geist der Einheit, bleiben Zweifel, Zwiespalt und Zwistigkeiten Dir fern. Ist Dein Inneres gewandelt, folgt das Äußere nach. Denn wie innen, so außen.

Im Kino sitzend, erlebst Du die Bilder auf der Leinwand als Wirklichkeit. Genau so ist Dein eigenes Leben ein Film, dessen Projektionsapparat Dein Bewußtsein und dessen Vorführer Dein *Geist* ist. Möchtest Du den Film Deines Lebens ändern, dann ändere die Filmrolle im Projektor, den Strom Deines Denkens. Wenn Dir das schwer scheint, rufe den Vorführer zu Hilfe: den Geist in Dir — schenke ihm Dein Vertrauen, überlaß ihm das Sorgen, bejahe, daß er alles zum Guten wendet. Laß die Dinge bewußt ‚vom Geiste ausgehen', laß Dich vom Geiste leiten, um so harmonischer wird der Ablauf Deines Lebens.

Bejahe, daß das Leben gut ist, erwarte nur noch Gutes, mach Dir diese geistvertrauende Haltung zur Gewohnheit, dann wird der Film Deines Lebens immer mehr erfreuliche Bilder auf die Leinwand Deiner Umwelt werfen und Dich mit erfreulichen Erfahrungen beglücken. Sorge für *positive Vorbilder* in Deinem Geiste, dann bildet sich Dein Leben um und wird zur ansprechenden Entsprechung dessen, was in Deinem Geiste lebt.

Das nenne ich: *aus dem Geiste leben.* Es beglückt um so mehr, je bewußter alle Gedanken, Worte und Taten auf den Geist des Gutseins und Guttuns ausgerichtet sind.

85 NACH SELBSTERFÜLLUNG STREBEN!

Wer hinter die Masken blickt, zu denen heute so viele Menschengesichter erstarrt sind, ist bestürzt darüber, wie weitgehend das Wort *„Erfolg"* heute zum Maßstab, ja zum Zwangsgedanken geworden ist, der die Träume und Wünsche bestimmt, und wie kurzsichtig die Anbetung der Ratio ist, des *Verstandes,* der nur das Äußere sieht, das Nächstliegende, die *Wunscherfüllung heute,* und nicht weiß, ob diese Glück und Zufriedenheit auch für *morgen* bedeutet . . .

Der Verstand weiß von den Kräften der Tiefe, den schicksalgestaltenden Lebensmächten, deren Wirken sich nicht berechnen läßt, so wenig wie von der Weisheit der inneren Führung, die weitersieht als er und — zu unserem Besten — oft vereitelt, was dieser als Ziel setzte, weil sie das Bessere und Größere erkennt, das auf dem Wege unserer Selbstverwirklichung auf uns wartet.

Was weiß der Verstand von der Notwendigkeit des Leides als Mittel, uns selber und unserer wirklichen Bestimmung näherzukommen? Unfaßbar ist ihm jene tiefere Einsicht der Lebensweisen, die sich der inneren Führung anheimgeben, alles als gottgewollt und gut bejahen und am Wehen und Widrigen ebenso wachsen wie am Erfreulichen und Förderlichen.

Wer sich allein auf den Verstand des Ich stützt, lebt in Wahrheit im Dämmer des Halbtraums. Zum Erwachen und zum Licht findet er erst, wenn er der *Vernunft* seines höheren Selbstes folgt und sich von innen her leiten läßt. Alsdann geht ihm auf, *daß, obwohl alles nach Erfolg strebt, Erfolg nicht alles ist,* daß ein Mensch große Erfolge haben und doch selbst ein Fehlschlag sein und ein unerfülltes Leben führen kann, weil er das Wichtigste versäumte: jene *Selbsterfüllung,* die erst ein sinnerfülltes Leben begründet.

Seit Jahrzehnten mache ich Wege zur Selbst- und Lebensmeisterung sichtbar, auf denen unzählige dazu gelangten, ihre Wünsche zu verwirklichen, ihre Lebensziele zu erreichen, wachsende Fortschritte zu erzielen und ein sinnerfülltes Leben zu führen. Denn mit jeder Erfolgsanleitung war die Mahnung verbunden, nicht das Beste zu vergessen.

Die üblichen Erfolgsmethoden beschränken sich auf das, was sich errechnen und planen, rationalisieren und organisieren läßt. Diese Rechnung geht aber oft nicht auf, weil sie nicht zum Wesentlichen leitet: zur Selbsterfüllung. Ohne diese führen alle Erfolge den Menschen weiter von sich selber weg und lassen ihn im Innersten unbefriedigt und unerfüllt.

Nur *die* Fortschritte haben Wert, die uns dem Ideal

näherbringen, auf das wir angelegt sind, die uns helfen, *mehr Mensch zu sein.* Erst auf diesem Wege zu uns selbst wird jede neue Erkenntnis ein Baustein zur Selbstverwirklichung, jede Tat zu beglückender Selbstbestätigung, jeder Augenblick Aufblick zum Ewigen.

Nun erst ist das Leben nicht mehr besinnungslose Jagd nach vergänglichen Gewinnen, sondern harmonisch fortschreitende Selbstentfaltung, Wachstum von innen nach außen, sinnerfülltes Leben im Licht.

86 DAS SCHICKSAL LIEBEN!

So viele hadern mit dem Schicksal, antworten mit Widerstand — und sehen nicht, daß sie sich damit gegen sich selbst wenden und ihr Los verschlechtern . . . In Wirklichkeit kommt das meiste von dem, was sie ‚Schicksal' nennen, nicht von außen, sondern von innen.

„In Deiner Brust sind Deines Schicksals Sterne". Auf diese inneren Sterne kommt es entscheidender an als auf die äußeren. Schiller fährt fort: „Der Zug des Herzens ist des Schicksals Stimme." Wenn wir diesem *Zug des Herzens* — der unbewußter Drang nach vorn und Zug nach oben ist — willig folgen, folgt daraus immer das für uns Beste, weil ‚Schicksal' ja nicht das ist, was wir *erfahren,* sondern was wir daraus *machen.*

Wenn wir der inneren Führung mehr folgen als den äußeren Verführern und Verlockungen, erfahren wir mit Seneca, daß „das Schicksal dem Weisen selten in den Weg tritt", ihn vielmehr um so sichtbarer fördert, je williger er den Willen des Ewigen durch sich walten läßt.

Die letzte Konsequenz aus dieser positiven Haltung zog Nietzsche mit seinem ‚amor fati‘: *Liebe Dein Schicksal!* Erkenne und bejahe, daß das Schicksal es gut mit Dir meint, daß es Dein Bestes, Deine fortschreitende Vervollkommnung will! Sage darum zu *allem,* was kommt, vorbehaltlos *Ja!,* vertraue dem Guten, das sich daraus entfalten will, und fühle Dich tief innerlich eins mit dem Schicksal!

Aus Liebe zum Schicksal alles bejahen heißt Tag für Tag die Saat guter Gedanken, Worte und Taten ausstreuen und bewirken, daß das, was der Ewige durch uns sät, zu lebenspendender Frucht für *alle* wird und aller Dasein heller macht.

Eben dies meint das Evangelienwort: „Was der Mensch *säet,* das wird er auch *ernten*“, und die Weisheit Indiens, wenn sie vom *Karma* als dem Gesetz des Schicksals spricht: sie versteht darunter sowohl die Saat der *Vergangenheit,* die in der Gegenwart als ‚Schicksals-Ernte‘ aufgeht und in Aktion tritt, als auch die Saat des *gegenwärtigen* Denkens und Tuns, aus der das Schicksal der *Zukunft* emporkeimt.

Beides kann durch unser liebendes Ja! in Gedanke und Tat gewandelt und zum Guten gestaltet werden. Und *jeder* kann es in dieser Kunst der ‚Karma-Wandlung‘ durch Schicksalsbejahung und -liebe zur Meisterschaft bringen.

Er muß sich nur bewußt bleiben, daß es dabei durchaus nicht darum geht, sich durch rechtes Tun ein ‚gutes Karma‘, also eine gedeihliche Zukunft zu sichern, weil bei solcher Blickrichtung leicht die Ichsucht sich breit macht und mit der guten Saat zugleich das Unkraut der Not ins Dasein ruft . . .

Wer *nur für sich sät,* nur ans *eigene* Heil und Wohl denkt und *allein* ernten will, wird eher zum Sklaven seiner Gier und der Dinge als zum Meister seines Lebens. Er muß tiefer sehen und lernen, die Saat des Guten *für andere wie für sich selbst* dem Ackerboden des Lebens anzuvertrauen, weil nur die Saat, die der *Geist der Liebe* durch uns ausstreut, reiche Ernte bringt und Segen und Fülle für alle.

87 AN GELASSENHEIT GEWÖHNEN!

„Ein Geduldiger ist besser denn ein Starker", lehrt Salomos Weisheit mit Recht, denn ein Starker mag am noch Stärkeren zerbrechen, während der Geduldige in der Stetigkeit seiner Kraft dem Wasser gleicht, das durch Nachgeben siegt und selbst den härtesten Fels zum Weichen bringt.

Darum nennt ein Philosoph die Geduld die ‚zweite Vernunft': „Soviel Verstand einer auch haben mag, wenn er alles mit Geduld und Bedächtigkeit verrichtet, wird er doppelt so viel Vernunft dabei an den Tag legen und sich als der Überlegene erweisen."

Gerade wenn unsere Gefühle mit uns durchgehen wollen, wenn wir uns erregen, verkrampfen, erhitzen, vor Ärger kochen und platzen möchten, sollten wir das Gegenteil tun und pfeifend Dampf ablassen, uns lächelnd entspannen und unser Herz mit Gelassenheit erfüllen, um unseres Überlegenseins gewiß zu bleiben. Sowie wir uns selbst entkrampfen und lockern, lösen sich auch unsere Probleme leichter.

Während Ungeduld und Erregung uns fühl- und

sicht-bar alt machen, wirken Geduld und Gelassenheit verjüngend. Und sie verschönen nicht nur die Züge unseres Gesichts, sondern auch das Gezüge und Gefüge unseres Schicksals.

Nichts macht mehr Kraft frei als die Gewohnheit, jede Gelegenheit zum Aufbrausen und Ärgern als Übung zu nützen, uns in der Kunst der Gelassenheit zu vervollkommnen. Legen wir uns darüber hinaus mehrmals am Tage entspannt in einen Sessel oder auf den Teppich und lockern wir nicht nur die Glieder, sondern auch die Gedanken, indem wir sie auf künftige Freuden sammeln und deren Kommen bejahen.

Eine Minute spannungsfreier Bejahung des Guten bringt uns der Erfüllung oft rascher näher als stundenlanges Mühen. Es lohnt sich also, statt uns zu erregen und zu verkrampfen, uns selbst, die Sorgen und die Dinge los zu lassen, uns freundlich lächelnd zu lösen und unser inneres Frei- und Überlegensein zu genießen.

Gelassenheit und Geduld überwinden Wirrnis und Gewalt. Das heillos Verknotete entwirrt sich und das Feindliche verfreundlicht sich dem, der zu warten weiß. Dem Gelassenen erfüllen und vollenden sich die Dinge.

Er gewahrt auch die Schönheit der Natur und des Lebens, die der Verkrampfte nicht sieht. Ihm wird die *Natur* zum Lehrmeister, die, wie Morgenstern sagt, „die große Ruhe in unserer Beweglichkeit ist. Sie gibt uns die großen Züge, die weiten Perspektiven und zugleich das Bild einer bei aller unermeßlichen Entwicklung erhabenen Gelassenheit."

In ihr offenbart sich der *Geist des Lebens,* dessen Werde- und Entfaltungspläne im Universum über Jahrmilliarden hinweg ihrer Vollendung entgegenschreiten.

Gleich ihm hat der Weise Geduld und Zeit, weil er über der Zeit steht.

88 EIN VORÜBERGEHENDER SEIN!

Die meisten Menschen blicken vorwiegend nach außen, hängen am Vergänglichen, freuen sich über sein Kommen und wehren sich gegen sein Schwinden. Spiegel und Echo des Auf und Ab der Umstände, sind sie bald himmelhoch jauchzend, bald zu Tode betrübt . . .

Anders der Lebenskünstler. Er weiß mit Hermann *Hesse*, daß es „kein Glück gibt, das Dauer hat, wie andererseits auch das Traurige vergeht, Gegensätze und Verzweiflung ebenso wie die Freuden. Nichts hat Bestand, auch nicht das Leid."

Bestand hat nur das erlebende Selbst. Und was es von der Welt annimmt und wie weit es sich von äußeren Wandlungen bestimmen läßt, liegt bei ihm selbst.

Wahre Lebensweisheit besteht somit darin, das, was den Blick trübt, was kränkt und leiden läßt, nicht in sich hineinzulassen, sondern ohne Hinblicken und Haften *vorüberzugehen.*

Das kann jeder, denn alle äußeren Dinge und Werte sind flüchtig und wandelbar, *er selbst* hingegen bleibt in allem Wechsel der Gleiche und leidet nur, wenn er stehenbleibt und sich an Vergehendes klammert, statt es — als Vorübergehender — zu genießen, ohne es zu halten, und sein Glück nicht im äußeren Besitzen, sondern im Selbst-Besitz zu sehen.

Wer alle Dinge der Außenwelt als flüchtig und unbeständig, sich selbst als das allein Dauernde erkennt, der wird, gelassen in sich selber ruhend, an allem vorübergehen, das ihn nicht froher und freier, positiver und zufriedener macht. Sein wirklicher Besitz ist sein Wille zum Glücklichsein und Glücklichmachen, der, von innen kommend, auf alle Dinge Licht wirft und bewirkt, daß sie, ohne ihn zu halten und zu fesseln, ihm helfen, sich selbst zu entfalten und zu vollenden.

Dem, der so denkt, werden Leid wie Freude Mittel zur Selbstverwirklichung. Schatten und Licht, Mangel und Fülle, Minus und Plus, Wellental und Wellenberg im Weltgewoge sind für ihn, der wie ein Schiff von innen her gesteuert wird und an ihnen vorüberzieht, nur Mittel seines Fortschritts.

Inmitten der Gegensätze in der Welt ist er selbst im Gleichgewicht. Sein Mittelpunkt liegt nicht in äußeren Dingen und Umständen, sondern in seinem innersten Selbst. Darum ist er dankbar und aufgeschlossen für alles, was ihn dem Selbstsein näherbringt, und unerreichbar für das, was ihn darin beirren und hindern könnte.

Wer gleich ihm ein *Vorübergehender* ist, der bleibt in allen Lebenslagen in Harmonie mit sich selbst und damit auch im Einklang mit dem Leben und mit dem Ewigen.

89 WEISE DIE MITTE HALTEN!

„Wer sich an andere hält, dem wankt die Welt. Wer in sich selber ruht, steht gut", sagt ein altes Sprichwort mit Recht. Denn in sich ruhend, hält er die *Mitte,* lebt er aus seinem *Selbst.* Alle Charakterzüge, die den Menschen der Mitte auszeichnen, beginnen mit diesem Wort: Selbstachtung und Selbstvertrauen, Selbstbeherrschung und Selbstbesinnung, Selbsterkenntnis und Selbstsein, Selbstzucht und Selbstbestimmung, Selbstsicherheit und Selbstgewißheit, Selbsthilfe und Selbstverwirklichung.

Wer die Mitte hält, weiß um sein Verwurzeltsein im Ewigen mitten in der Zeitlichkeit und Vergänglichkeit, läßt sich gelassen von innen her leiten, statt sich von äußeren Dingen und Umständen bestimmen zu lassen.

Wenn wir durch ein Fernrohr auf die Milchstraße blicken, löst sich ihr zarter Nebel in ein Gewölk aus Milliarden Sonnen auf, in dessen Lichtwogen sich der Blick wie der Raumfahrer hoffnungslos verliert. Dabei ist unsere heimatliche Milchstraße nur ein einzelnes galaktisches Sandkörnchen unter Billionen am Strande des unendlichen kosmischen Ozeans ...

Wenn wir mit einem Supermikroskop die Atome und Elementarteilchen sichtbar machen könnten, würden wir uns dem gleichen endlosen Ozean schwirrender Kleinwelten gegenübersehen, deren Lichtfunken so unzählbar sind wie die Sterne im All ...

... Und wenn wir dann auf uns *Menschen* blicken und nicht von den Abgründen der Unendlichkeit oben und unten, im Makrokosmos und im Mikrokosmos, verschlungen werden wollen, müssen wir unserer *Mittel*stellung bewußt werden und Halt in uns selber suchen, in unserem Selbst. Denn der Mensch ist, wie Pascal sagt, „ein Nichts im Hinblick auf das Unendliche, ein All im Hinblick auf das Nichts, eine *Mitte* zwischen dem Nichts und dem All, dem unendlich Kleinen und dem unendlich Großen.“

Nur der Geist in uns vermag beide zu begreifen,

wenn er, in sich selber ruhend, seiner selbst bewußt wird. Dann erkennt er sich als Kind des Weltengeistes, der beide Unendlichkeiten schuf und auch in ihm lebt.

Und der Gewinn aus dieser Erkenntnis? Pascal zeigt ihn auf: „Allen Ängsten, Schwächen und Leiden zum Trotz, die den Menschen ergreifen wollen, leitet ihn ein Instinkt, den er nicht zurückdrängen kann, mit Sicherheit zur Erkenntnis der Wahrheit und zu wachsender Vervollkommnung."

Es ist der sichere Instinkt des Geistes, das Bewußtsein der Mitte, das ihn gelassen macht. Er weiß sich, im Zentrum seines Wesens, im ruhenden Mittelpunkt allen Werdens und Geschehens. „Die Kleinen wie die Großen erleiden die gleichen Zufälle, den gleichen Ärger und die gleichen Leidenschaften; aber der eine bewegt sich am Rande des Rades, der andere hält sich in der Mitte, in der Nähe der Nabe, und so wird er von den gleichen Bewegungen weniger erschüttert."

Eben dies meinte auch Aristoteles: „Der Weise wählt die *Mitte* und hält sich von den Extremen fern, dem Zuviel und Zuwenig." Die Mitte haltend, braucht er keinen äußeren Halt, ist auf niemanden angewiesen und von nichts abhängig. In sich selber ruhend, weiß er sich allem gewachsen. Weise die Mitte haltend, ist er auch seinen Mitmenschen Halt und alles Guten Mittler — einer Sonne gleichend, in deren Kraftfeld aller Wesen und Dinge Bewegungen sich von selbst zum Besten ordnen.

90 DIE MACHT DES SCHWEIGENS NÜTZEN!

Viele kennen die kleine japanische Plastik, bestehend aus drei Affen, von denen der eine sich die Augen, der andere den Mund und der dritte die Ohren zuhält. Doch nur wenige folgen ihrem Rat, die äußeren Sinne wenigstens zeitweise zu schließen und dafür die inneren zu öffnen. Sie tun zumeist das Gegenteil – und rufen damit viele Sorgen ins Dasein, die sie sich hätten ersparen können:

Wer allzu neugierig ständig nach außen schaut und zu wenig nach innen, nimmt an Einsicht ab. Wer ständig redet, gleicht einem kochenden Kessel mit offenem Ventil, dessen Kraft nutzlos verpufft. Und wer meint, überall dabei sein und alles hören zu müssen, wird unfähig zur Sammlung auf das Wesentliche.

Wir reden durchweg zu viel und mehr Unnützes und Sorgenmehrendes als Notwendendes und Kraftspendendes. Wer Worte macht, tut wenig. Wert hat erst, was zur Tat wird. Und die Tat wächst aus dem Schweigen. Darum öffnet der Weise den Mund nie ohne Grund. Er schweigt nicht nur aus Klugheit, um vom Redenden zu lernen, sondern auch aus Höflichkeit, wo seine Meinung nicht gefragt ist. Dafür weiß er zur rechten Zeit das Rechte zu reden und zu tun.

Wenn der Redesüchtige sich erregt, schreit er und verkrampft sich noch mehr. Der Weise hingegen sichert sich Selbstbeherrschung durch Schweigen und bejahendes Denken und gewinnt dadurch Macht auch über die anderen. Gemeinsames positives Schweigen gar schafft Disharmonien rascher aus der Welt als alle Worte.

Aber die Weisheit der drei Affen birgt nicht nur den negativen Rat des Nichttuns, sondern auch den positiven des Rechttuns: sie weist auf die wachsende Einsicht des nach innen Schauenden, die Kraft des Schweigenden und die Inspirationen des nach innen Horchenden. Schweigen ist nicht nur Ruhe der Sinne, der Gedanken, des Gemüts, sondern aktives Gesammeltsein nach innen und ein Schwingen im Kraftfeld des Ewigen.

Am Baum des Schweigens hängen viele Früchte: Friede und Gelassenheit, Macht und Gewißheit, Geborgenheit und Überlegenheit. Große Gedanken offenbaren sich nur dem Schweigenden, und nur er vermag ihre schöpferische Kraft und Wirkung zu entfalten. Er wirkt ohne Worte: sein Schweigen macht ihn zu einem Katalysator, der in den Wesen und Dingen um ihn herum durch sein bloßes Zugegensein positive Wandlungen bewirkt.

Sein Schweigen macht die lautlose Sprache des Geistes vernehmbar: statt über den Umweg des Hirns und der Worte weiß er unmittelbar, von Herz zu Herz und von Geist zu Geist, zu sprechen und innere Bande zu knüpfen, die stärker sind als alle äußeren.

So waltet der Weise gewaltlos – durch die Kraft des Schweigens, und erreicht, was der Unweise mit aller Gewalt nicht erzwingt.

91 INNERES FREISEIN BEJAHEN!

Es ist unvorstellbar, wieviel der Mensch vermag, wenn er sich als *frei* erkennt, wenn ihm die Wahrheit aufgeht, daß er, wie Tiedge sagt, „die Welt der Freiheit in seinem *Innern* trägt“ und sie von dort aus auch nach außen hin offenbaren kann.

Obwohl die Meisten sich nicht frei fühlen, sondern sich durch Dinge, Umstände und Sorgen fesseln lassen, sich im Kampf gegen Mißgefühle und Mißstände aufreiben, kann jeder so frei sein, wie er will, sowie er sein Denken nicht auf das negative Freisein *von* etwas richtet, sondern auf das positive Freisein *zu* etwas.

Das Geheimnis des Freiseins steckt im Wort selbst: ‚*frei*' hängt etymologisch (der Herkunft nach) mit den Worten *Friede, Freude* und *Freund* zusammen. Und es ist nicht nur sprachlich, sondern auch psychodynamisch begründet, wenn man sagt, Freisein sei eine Frage und Folge rechter Einstellung. Denn frei ist, wer vom Geist des Friedens, der Freude und des Freundseins erfüllt ist, also vom Bewußtsein des Einsseins mit sich selbst, der Umwelt und dem Ewigen und vom Geist liebevollen Aufgeschlossenseins für alles Gute und Beglückende.

Dieses *Freisein von innen her* wird uns bewußt, sowie wir, um *von* etwas frei zu werden, uns *für* etwas frei machen, das dem Wesen des Freiseins gemäß ist, also die dreifache Kraft des Friedens, der Freude und der Freundschaft durch uns wirken lassen. Das bedeutet im einzelnen:

Um von *Angst und Furcht* frei zu sein, gilt es, uns statt vom Ungeist der Abwehr von der erlösenden Kraft der *Freude* leiten zu lassen, nicht rückwärts auf Dunkel und Beengung zu blicken, sondern vorwärts auf unser *Freundsein* mit dem Leben und den helfenden Mächten des Guten.

Um von lästigen Gedanken und Dingen frei zu sein, gilt es, Furcht und Widerstand zu lassen, uns gelassen nach innen zu wenden ins Innenreich des Friedens, uns dort loszusprechen von allem, was hinter uns liegt, im

Gewißsein unseres Freiseins zu den Höhen inneren Licht- und Leichtseins hinaufzuschreiten und uns dem Einstrom alles Guten zu öffnen.

Um von schlechten Gewohnheiten frei zu werden, gilt es, den Kampf gegen uns selbst zu beenden, uns mit der stärkeren Macht des Friedens zu erfüllen und mutig die *guten* Gewohnheiten zu bejahen und zu betätigen, deren Entfaltung die schlechten verschwinden läßt.

Um von fremden Einflüssen frei zu werden, gilt es, uns nicht gegen die anderen oder die Umstände zu stemmen, sondern die überlegene Macht der *Liebe* und Freundschaft wirken zu lassen, die Hinderer in Helfer verwandelt und uns über alles Hemmende hinaushebt.

Indem wir so den positiven Weg des *Freiseins zu allem Guten* gehen, spüren wir nicht nur bald die Zunahme unserer inneren Sicherheit und Unabhängigkeit, sondern sehen uns mehr und mehr in einer Welt des Friedens und der Freude, der Freundschaft und gegenseitigen Hilfe und wissen dann: In Freiheit leben heißt im Lichte leben!

92 KRAFT VON INNEN GEWINNEN!

Das Leben genießen und nützen kann man, wie Schopenhauer sagt, „eigentlich nur im Gefühl und Gebrauch der *eigenen Kräfte.* Der größte Schmerz ist wahrgenommener Mangel an Kräften, wo man ihrer bedarf."

Und woher dieser Mangel, über den so viele klagen? Grillparzer beantwortet die Frage: „Die Kraft, entfernt von ihrem ersten Ursprung, wird schwächer, ist nur noch erborgte Kraft."

Dieser *Ursprung der Kraft* — der Quell, aus dem wir jederzeit so viel Kraft schöpfen können, wie wir benötigen — ist *in uns.* Jenseits allen Zwiespalts und Streits gibt es eine Einheit, die Sicherheit und Glück verbürgt: in uns. Jenseits vom Auf und Ab des Daseins gibt es eine Freude, die leidfrei und von Dauer ist: in uns. Jenseits aller Unrast des Alltags gibt es einen Frieden, der das Herz stillt und den Geist gelassen macht: in uns. Jenseits aller Mängel und Schwächen unseres Wesens und Lebens gibt es eine Kraft, die uns stark und unbesiegbar macht: *diese Kraft ist in uns.*

Alles Große, nach dem wir bisher vergeblich jagten, finden wir *in uns,* wenn wir, mitten im Jagen und Mühen, innehalten und uns entspannt nach innen wenden. *In uns* finden wir mehr Halt, Inhalt und Haltung, als die Welt uns geben kann — durch Einhalten und williges Gewährenlassen der inneren Kraft.

Versuche einmal, das, was sich den gierig zugreifenden Sinnen und Händen bislang entzog, im spannungsfreien Lassen von innen zu gewinnen: statt gegen ein Übel, einen Widersacher anzukämpfen, entleere das Bewußtsein von jedem Gedanken daran und überlasse Dich völlig dem Wohlgefühl inneren Eins- und Starkseins. Mache dieses Gewißsein des Einsseins in Frieden zur Ruhestätte für das erregte Herz. Löse Dich, in den Frieden des inneren Kraftfeldes eintretend, von allen Mißgefühlen der Bitterkeit, des Grolls, der Angst, und überlasse Dich gänzlich dem Segensstrom der inneren Kraft, die alles wandelt und ausgleicht.

Wenn es Dir gelingt, einige Augenblicke gelassen im *Kraftstrom des inneren Lebens* zu schwingen und alles Äußere zu vergessen, wirst Du bei der Rückkehr in den

Alltag genügend Kraft in Dir finden, um jedes Problem zu lösen. Du siehst dann alles mit anderen Augen, von einer anderen Bewußtseinsebene: von oben statt von unten, von innen statt von außen — und wandelst zugleich das Gesicht der Umwelt.

In diesen Augenblicken völligen Erfülltseins von der Kraft und dem Frieden der Seele hat sich jeder Zwiespalt gelöst und auch die äußere Ordnung angebahnt — gleichwie die stärkere *Kraft der Liebe* Zwietracht, Haß und Neid löst und verwandelt, oder wie die positive *Kraft des Lichts* Zwielicht, Dämmerung und Dunkelheit löst und aufhebt, oder wie die überlegene *Kraft der Einheit* Zweifel und Verzweiflung wandelt und zu Gewißheit, Weisheit und Sicherheit erhöht.

Furcht und Fesseln fallen von Dir ab, sowie Du Dich willig der inneren Ordnung und Freiheit überläßt, dem inneren Halt vertraust und die innere Kraft gelassen wirken läßt.

93 SICH ERLEUCHTEN LASSEN!

Mancher quält sich mit einem Problem und brütet tagelang darüber mit dem Ergebnis, daß es immer dunkler und unentwirrbarer wird — — bis er das Problem los läßt und sich einwärts wendet. Dann kann es geschehen, daß er in der Helle des Innern zur Erhellung seines Problems findet und plötzlich von der Erkenntnis der rechten Lösung erleuchtet wird . . .

Aller Rätsel Lösung ist innen. Wir müssen nur das sorgenvolle Grübeln lassen und uns gelassen erleuchten lassen. Wo solche Erleuchtungen ausbleiben und Mißgriffe und Mißgeschicke sich häufen, zeigt das, daß wir auf dem falschen Wege sind, während lichtvolle Einfälle und unerwartete Glücksfälle den begleiten, der den ihm gemäßen Weg geht.

Doch verwechsle man nicht ahnende Vermutung mit echter Erleuchtung! Dumpfe Ahnungen mögen unbewußten Ängsten, heimlichen Wünschen oder abergläubischen Vorstellungen entquellen; und wer ihnen folgt, sieht sich von Irrlichtern ins Unwegsame mißleitet ... Echte Erleuchtung hingegen hellt den Lebensweg auf und wird vom Frohgefühl der Erleichterung, des Entlastet- und Glücklichseins begleitet. Sie kommt nicht aus dem Halbdunkel des Unbewußten, sondern aus der Helle des Überbewußten. Solchen lichtvollen Einfällen folgen heißt Unfällen vorbeugen.

Weil sie zumeist entspannter, gelassener, lebensnäher ist, hat die *Frau* häufiger als der Mann unmittelbare Erleuchtungen, weshalb der Mann weise handelt, der den intuitiven Ratschlägen seiner Lebensgefährtin folgt.

Aus dem gleichen Grunde tut er gut, Menschen zu meiden, die das Gefühl des Dunkels erhöhen, und die Freundschaft jener suchen, in deren Nähe er sich lichter und freier fühlt: im Kraftfeld ihres Wesens können Erleuchtungen leichter in ihm aufblitzen, weil Intuitionen genau so ansteckend sind wie Depressionen. Der inneren Stimme folgend, sorgt er für Wohlgestimmtheit und rechte Schicksalsbestimmung.

Zwar lassen sich Erleuchtungen nicht erzwingen, wir können uns aber für sie empfänglich machen und aus Dunkel und Ungewißheit herausfinden, indem wir uns *nach innen* wenden. Denn je tiefer innen, desto heller und gewisser.

Wir handeln recht, wenn wir uns bei einem Problem das Für und Wider bewußt machen und uns über die möglichen Wege klar werden, alsdann aber nicht über die rechte Entscheidung grübeln, sondern das Problem mit allen Wenn und Aber in spannungsfreiem Schweigen in die Helle des Innern stellen und auf den ‚lichten Augenblick' warten, in dem uns die rechte Lösung blitzartig einfällt. Je vollkommener wir uns dabei von der Umwelt abschalten, uns ruhigstellen, nach außen abdunkeln, desto wacher werden wir für die innere Helle, und desto eher stellt sich die Erleuchtung ein.

Was uns alsdann bewußt wird, leuchtet uns sogleich ein; und daß sich unsere Lage nun sichtbar aufhellt und unser Weg leichter wird, zeigt, daß wir auf dem rechten Wege wachsenden Fortschritts und Glücks sind, auf dem uns gewiß wird:

Was aus der inneren Helle kommt, schützt uns mit Sicherheit vor äußeren Mißhelligkeiten.

94 DIE KUNST DER WANDLUNG ÜBEN!

Jede Kraftmaschine ist ein Mittel, eine Energieform in eine andere umzuwandeln, sei es chemische, elektrische oder Wärme-Energie in mechanische und umgekehrt. Doch bleibt jede Kraftmaschine eine unvollkommene Nachahmung des *Menschen*, dem die Fähigkeit der Kraftumwandlung in weit höherem Maße eignet, als er ahnt, vermag er doch, geistige Kräfte in physische, negative in positive Energien umzuwandeln.

Aber wie wenig macht er davon Gebrauch! Leidend, wünscht er *Erlösung vom Übel*, statt zu erkennen, daß *das Übel durch ihn erlöst* und in Gewinn gewandelt werden will und kann — nicht durch Verneinung und Widerstand, sondern durch Bejahung und bewußte Umpolung seiner Kraft ins Positive.

Jedes Ding ist zweipolig; jeder Umstand ist Ausdruck zweier Kräfte, die im Kampf miteinander stehen. Wir müssen lernen, sie durch Vereinung zu meistern und dabei selbst stärker zu werden. Dazu müssen wir statt des Teils das Ganze sehen, hinter dem sichtbaren Negativen seinen unsichtbaren *positiven Pol* erkennen und uns über den verspürten Mißklang hinweg dem verborgenen Einklang zuwenden, also die Kunst der Wandlung üben.

Die Kunst der Wandlung übt und meistert, wer sich gewöhnt, hinter jedem Mißstand und Mißlingen im Äußeren die gegenpoligen Kräfte der Harmonie und Vollendung im Innern zu sehen und durch Bejahung zu aktivieren.

Besinnen wir uns, daß jeder Mangel die Sehnsucht nach seinem Gegenpol in uns wecken und uns zur verborgenen Fülle führen will, daß jede Not in sich die Kraft der Wende birgt, jedes Ärgernis ein Mittel, uns zu vollenden, und jede Widrigkeit die Hülle einer Beglükkung ist, die auf uns wartet.

Jedes Übel ist ein Appell, seinen lichten Kern durch Bejahung von der dunklen Hülle zu befreien, wie jede Fessel künftige Freiheit kündet, wenn wir den Nebel der Nichterkenntnis durchdringen, der uns hindert, aus Dunkel und Dämmerung ins Helle zu schreiten.

Nebel der Ungewißheit will uns mahnen, innezuhalten und in der Helle des Innern der Wirklichkeit inne zu werden. Wenn wir das tun, enthüllt sich uns hinter dem *Nebel* seine buchstäbliche Umkehrung: das lichte innere *Leben*, das immer höher führt. Nun gewahren wir unter der Nacht den Tag, hinter dem Leid die Freude, inseits des Mangels die Fülle, die durch unsere mutige Bejahung auch nach außen sichtbar wird.

Je beharrlicher wir statt auf den dunklen auf den *lichten Pol* der Dinge und Umstände blicken, desto deutlicher offenbart sich jede Not als Locker und Löser der Gaben und Kräfte, die uns zum Überwinder machen und unser Stärkersein an den Tag bringen, und jede Wende als Wink, über uns selbst hinauszuschreiten, wie der Bach, über sich hinauswachsend, zum Fluß wird und der Fluß zum Strom.

Das meint die Forderung, die Kunst der Wandlung zu üben. Denn „Wandlung ist das Geheimnis der Welt. In steter Entfaltung, unabsehbar gestuft, bildet das Leben sich aus."

95 SICH GESICHERT WISSEN!

Alle Wesen streben nach Glück und Sicherheit. Aber die meisten finden sie nicht, weil sie beides vorwiegend in äußeren Dingen und Verhältnissen suchen statt im Innern. Dabei ist doch unmittelbar einleuchtend, was schon *Epiktet* erkannte:

„Es gibt keinen so kräftigen und gesunden Körper, daß er niemals erkranken könnte. Es gibt keine Reichtümer, die nicht verloren gehen können, und keine Macht, die nicht untergraben werden kann. Alles ist vergänglich, und wer sein Herz an diese Dinge hängt, wird stets in Furcht und Unruhe leben, seinen Besitz geschmälert sehen, sich kränken und leiden . . . Wo ist hier *Sicherheit?* Einzig die *Seele* des Menschen ist sicherer als jede Festung. Aber die meisten tun in ihrer Unvernunft alles, um diese Festung zu schwächen, indem sie sich mit Dingen beschäftigen, die ihnen keine wahre Freude und keinen dauernden Gewinn verschaffen. Sie übersehen, daß, wenn das Herz rein ist, nichts und niemand der Seele Schaden zufügen kann, und daß nur aus ihrer unweisen Gier nach äußerem Tand Unruhe und Unfriede entstehen, Streit und Leid."

Nun sagt Mirabeau zwar, daß „die Sicherheit und die Freiheit die einzigen Dinge sind, die der Mensch nicht sich selbst gewährleisten kann." Aber er sah nicht tief genug; denn in Wahrheit kann *jeder* Mensch der Sicherheit und Freiheit teilhaftig werden — von *innen* her.

Ein arabisches Sprichwort sagt treffend: „Furcht ist nichts anderes, als was die Menschen als furchtbar sich denken, und Sicherheit ist, wo man gesichert sich glaubt."

Man braucht es aber nicht nur zu glauben, man kann es erfahren und *wissen,* wenn man, statt nur nach außen achtsam, nach innen wachsam und wach wird für die Wahrheit des absoluten Geborgen- und Gesichertseins von innen her.

Eine Frau berichtete mir, wie sie trübe Stunden überwand: sie nahm dann die Bibel zur Hand im Vertrauen, daß sie beim Aufschlagen ein Wort finden werde, das ihr neue Kraft zum Durchhalten gebe. Sie schildert, wie sie einmal, tief betrübt und voll Sorge, die Bibel aufschlug und ihr Blick auf ein Wort im Sendschreiben Christi (Offenb. 3, 9) fiel: „Ich weiß deine Werke und deine Trübsal und Armut — *du bist aber reich!*" Dies Wort erschütterte sie und erfüllte sie im gleichen Augenblick mit dem frohen Gewißsein, daß der, der seines inneren Behütet- und Geführtseins gewahr wird, immer reich, immer in Sicherheit und jeder Not überlegen ist.

Darum handelt der weise, der alle Kraft und Sicherheit als unverlierbares Gut in sich weiß und sich darum in jeder Not vertrauend nach innen wendet. Solche Zeiten innerer Einkehr sind, wie Richard Wilhelm sagt, „Quellen tiefster Kraft, und es ist verständlich, daß ein Mann, der sie mit frommem und gelassenem Gemüt durchlebt, daraus Kräfte des inneren Wesens schöpft, die ihn befähigen, sein Leben recht zu führen und jede Not zu meistern."

96 ZU NEUER SICHT AUFSCHWINGEN!

Wie jeder das Gewand trägt, das seinem Geschmack entspricht, so trägt jeder das Schicksal, das sein Denken und Fühlen, Wollen und Tun ihm spannen. Gesicht und Gewicht unseres Schicksals entspricht der Sicht, die wir uns angewöhnt haben. Ist unser Schicksal unbefriedigend, dann war die Sicht unzureichend, und es gilt, uns zu neuer umfassenderer Sicht aufzuschwingen.

Alles im Leben ist eine Frage rechter Sicht. Jeder Zustand und Umstand hat zumindest zwei Gesichter, birgt neben der, die wir sehen, andere, lichtere Möglichkeiten. Dem Leidenden, der gebannt auf die dunkle Seite seiner Not starrt, fehlt noch die rechte Sicht: im Blick nach innen kann ihm aufgehen, daß die Ursache seiner Not nicht in seiner *Schwäche* liegt, sondern im Vorhandensein von *Kräften*, denen er bisher noch keine Möglichkeit gegeben hatte, sich positiv auszuwirken, weshalb sie sich, seinen vorherrschenden Gedanken folgend, negativ entluden.

Wir alle neigen infolge Erziehung und Gewohnheit dazu, unsere positiven Kräfte weithin falsch zu betätigen, sie durch Mißverstehen zu negativer Auswirkung zu bringen. Hinter einem Widerstand sehen wir selten die positive Kraft, die durch uns aktiviert werden will. Wo das aber geschieht, da wandelt sich Widerstand in Beistand.

Wer hörte nicht schon von Heilungen durch den Geist: sie sind keine Wunder, sondern natürliche Folgen des Aufschwungs eines Menschen zu neuer Sicht, die ihm half, seine Kräfte umzupolen, so daß sie plötzlich positiv wirkten und leidvolle Zustände in ihr Gegenteil verkehrten.

Das gilt nicht nur für den Leib, sondern auch für das Leben: So viele von uns betrachten das Leben als feindliche Macht, der es Abwehr und Widerstand entgegenzubringen gilt. Schwingen wir uns zu neuer Sicht auf, wird uns der *Freund-Charakter des Lebens* bewußt; wir sehen im Geist des Lebens unseren Helfer und Partner, unser inneres und äußeres Leben hellt sich auf und wir beginnen, im *Lichte* als in dem uns gemäßen Zustand zu leben.

Es ist die *gleiche Kraft,* die uns — falsch eingesetzt — in Dunkel und Dämmerung oder — recht bejaht und betätigt — im Lichte leben läßt. Auf diese neue umfassendere Sicht kommt es an, denn — wie ein Dichter sagt — „die große Kraft ist nur im großen Wesen". Nichts anderes meint die Verheißung: „Meine Kraft ist in den Schwachen mächtig" (2. Kor. 12, 9), nämlich in denen, die sich willig dem Quell aller Kraft hingeben und so zu Trägern der höchsten positiven Kraft und zu Verwirklichern dessen werden, das sie gläubig bejahen.

Sie erfahren, daß jeder Mensch ein vom Ewigen her gespeistes Kraftfeld ist und so weit im Lichte lebt, als er diese Wahrheit erkennt und bejaht. Statt weiter aus Unkenntnis seiner positiven Kräfte Widrigkeiten und Leiden anzuziehen, wirkt er nun Glück und Fülle.

Im Lichte zu leben, ist keine Möglichkeit, die nur Einzelnen offen steht, sondern ein Zustand, den *jeder* erreichen kann, weil jeder — als Kind Gottes — seinem innersten Wesen nach darauf angelegt ist, sich nur an die rechte Sicht gewöhnen und alle lichten Kräfte seines Wesens bewußt betätigen muß, um zu den Höhen des Lebens aufzusteigen.

97 SICH STETIG VERVOLLKOMMNEN!

Es gibt Wahrheiten, die unmittelbar befreiend wirken. Zu diesen gehört die Erkenntnis, daß alle Wesen darauf angelegt sind, durch eigene Erfahrung reifer und weiser zu werden, und daß alle Dinge, Umstände und Schicksale ihnen dabei dienen müssen.

Mag eine Lage noch so schwierig, eine Not noch so bedrohlich scheinen , sie treffen uns, weil sie uns betreffen, uns trefflicher und tüchtiger, stärker und vollkommener machen wollen. Immer bleiben wir dem, das uns begegnet, überlegen, weil es von einer höheren Führung so gefügt ward, daß wir unsere Kräfte daran erproben und bewähren, daran wachsen und darüber hinauswachsen können.

Wer sich auf fortschreitende Vollendung angelegt weiß, der sieht in allen Wesen und Dingen und hinter allen Umständen und Schicksalen den gütigen Geist des Lebens am Werk, den er zugleich als seinen Helfer und Führer in sich weiß. So denkend, gleicht er einem Strom, der sich auf seine Weise seinen Weg bahnt, auf dem die höchsten Hoffnungen Erfüllung finden und auch die kühnsten Träume Wirklichkeit werden.

Wohl werden ihm auf diesem Wege eigene Unzulänglichkeiten und Mängel deutlicher bewußt; doch zugleich weiß er die Kraft in sich, sie zu überwinden. Denn der Geist des Lebens will nicht sein Versagen und Untergehen, sondern seine Vollendung. Und er gibt ihm immer wieder Gelegenheit, sich selbst zu besiegen, und läßt ihn „Stunden erleben, in denen der Himmel der Vollendung vor der ahnenden Seele sich öffnet."

Von einem solchen Menschen sagt Meister Eckehart: „Wer innerlich steht, wie er soll, der steht an allen Orten und in jeder Lage recht, und alles dient ihm zur Vollendung." Nach Vollendung strebend, ist er dagegen gefeit, sich an Geringeres zu verlieren und darüber Sinn und Ziel seines Lebens zu verfehlen. Er wird vielmehr immer bewußter die lichten Kräfte seines Innern betätigen und dabei nach außen hin immer duldsamer und milder, liebevoller und gütiger werden.

Vollkommener werden heißt höher steigen. Mit jedem Schritt aufwärts wächst die Selbsterkenntnis und der geistige Sehkreis und damit das Vermögen, die Dinge und Umstände von innen her zu überschauen und zu meistern.

Je höher, desto lichter. Je lichter, desto durchsichtiger werden die Dinge und Zusammenhänge: Fremdes wird vertraut, Mißklänge wandeln sich in Harmonien, die Schatten weichen dem von ihnen verkündeten Licht, und aller Sehnsucht folgt die Erfüllung.

Je reifer und vollkommener wir werden, desto weniger blicken wir nach außen, desto häufiger und tiefer nach innen — und desto beglückender wird uns bewußt, was Meister Eckehart uns bedeutet: „Unsere höchste Vollendung liegt darin, daß wir hindurchdringen und hinausklimmen über alle Geschaffenheit und Zeitlichkeit und allen Dingen wie uns selber auf den Grund gehen bis dorthin, wo Seelengrund und Gottesgrund *ein* Grund sind.“

Auf diesem Wege werden wir zu einem vollendeten Gefäß und Werkzeug göttlichen Willens, zu einem Träger des Lichts und Erheller des Lebens auch für jene, die noch in Dunkel und Dämmerung dahinleben.

98 DAS HÖCHSTE WOLLEN!

Im Märchen von den drei Wünschen rät der gute Geist dem Wünschenden, *nicht das Beste zu vergessen.* Was ist das Beste?

Am höchsten steigt im Leben empor, wer das Höchste will — nämlich das, was seine Selbstentfaltung und -vollendung auf den Gipfel führt, was mit dem Allwillen im Einklang steht im Sinne des Wortes Jesu: „Nicht wie ich, sondern *wie Du willst.*“ Das Höchste will, wer Gottes Willen will.

Wer mit dem Schicksal hadert, schmiedet laufend neue Ketten, die ihn unten halten. Wer gar das Leben flieht, stürzt aus verneinter Not in tieferes Elend. Denn alle Gaben des Lebens, die dunklen wie die lichten, sind Aufgaben, die uns solange gestellt werden, bis sie gelöst sind. Danach erst können wir höhersteigen und größerer Freiheit und Fülle teilhaftig werden ...

Die beste Lösung in jeder Lage ist darum, sie als Gottes Willen zu bejahen und zu wollen. Das ist notwendig, weil es die Not wendet. Wer so denkt und will, der erhöht jede Aufgabe zum Gottesdienst und erfüllt jedes Werk mit der Kraft des Gelingens und dem Geist der Vollendung. Ihm wird alles zur Freude; denn er dient seiner höchsten Bestimmung.

Er sehnt sich nicht dorthin, wo er *nicht* ist, sondern bejaht das Leben dort, wo er steht, als gut, weil gottgewollt, und macht daraus wie aus sich selbst das Beste, weil ihm, für Gott, nur das Beste gut genug ist.

Alles bejahen heißt alles überwinden. Und überwinden heißt reif werden für höhere Lebensstufen und vollkommenere Schicksalsbedingungen. Wer bejaht, der sorgt sich nicht und spart und speichert nicht, weil er sich jeden Tag von oben her versorgt und seine zum Geben bereiten offenen Hände täglich neu gefüllt sieht. Not macht ihn nicht unmutig, Glück nicht übermütig, weil er beides mit dem Dichter als Traumtrug der Sinne durchschaut:

„Was ist das Höchste dir? Dein Weib, dein Kind?
Schau zu genau nicht deine Güter an.
Sie sind nur Traumgold. Wenn im Traum wir sind,
Die ganze Welt einmal zerstieben kann."

Aller Traum verweht, wenn wir zur Wirklichkeit erwachen, die innen ist. Von da an erst leben wir im Licht — und das heißt: aus dem Geiste, aus der Kraft und dem Willen Gottes.

Wir leben dann gelassen, weil jenseits von Not und Leid, die das Dasein des dem Alltag Hingegebenen verdüstern, und ebenso hilfsbereit wie unbedürftig, weil wir, im Einklang mit dem Willen des Höchsten, mehr haben, als die Welt uns geben kann, und weil wir, Gottes Willen willig erfüllend, fortschreitend uns selbst vollenden und verwirklichen — im Bewußtsein jener Wahrheit, der ein wirklichkeitswacher Dichter Ausdruck gab:

„Wir Menschen sind hochgeboren, denn wir sind gottverwandt; wir tragen in uns die schöpferische Kraft des Höchsten." Wir müssen dessen nur bewußt sein und nur noch das Höchste wollen.

99 DURCH DANKEN WACHSEN!

Das Wort „Wer *hat,* dem wird *gegeben;* wer nicht hat, dem wird alles genommen worden", gehört zu den am häufigsten mißverstandenen Schriftworten, obwohl es seinen tiefen Sinn sogleich enthüllt, wenn man es auf die *Dankbarkeit* bezieht: Der Dankbare, der frohen Herzens auf das blickt, was er *hat,* wird durch eben diese Haltung anziehend und aufnahmefähig für *noch mehr* Beglückungen, die ihm gegeben werden, während der Undankbare allem Guten, das zu ihm kommen will, den Zugang versperrt und so ständig ärmer wird.

Viele empfinden Dankbarkeit als eine Last, die sie gern so rasch wie möglich los sein möchten. Manche entledigen sich dieser Last durch — Undankbarkeit. Sie sehen nicht, daß eben diese Haltung es ist, die sie im gleichen Maße für alles Gute unempfänglich macht.

Klüger handelt, wer dem Sprichwort folgt: Was Du mit Geld nicht bezahlen kannst, bezahle wenigstens durch *Dank* – die Freundlichkeiten der Umwelt, die Liebe Deiner Eltern, die stille Dienstwilligkeit Deines Lebenskameraden!

Weise aber handelt erst, wer in der Dankbarkeit eine andere Form der *Liebe* erkennt, die den Menschen um das reicher werden läßt, was er liebend bejaht.

Dankbar zu sein, wenn man Grund dazu hat, ist nicht viel. Der Weise ist es auch dann, wenn kein Anlaß vorliegt, ja selbst dort, wo andere grollen und widerstehen. Sein Dankbarbleiben hat drei gute Wirkungen: es erhält sein Gemüt in Harmonie, macht ihn aufgeschlossen für Hilfen und Förderungen und erhöht seine Anziehungskraft für alles Gute, und es bewirkt, daß der Zustrom an Erfreulichem stetig zunimmt, so daß er, je mehr er dankt, um so mehr Grund bekommt, *noch* dankbarer zu sein ...

Andererseits erwartet er für sein Rechttun keinerlei Dank von anderen. Und wenn er auch fremde Dankbarkeit als Segnung gern entgegennimmt, so ist ihm fremder Undank doch nie Leid. Dankbaren Herzens bejaht er *alles*, was kommt, als Wohltat – und eben diese Einstellung wandelt Gutes wie Ungutes in Förderungen. So veredelt und bereichert die Fähigkeit des Dankenkönnens den Menschen.

Alle großen Menschen waren Genies der Dankbarkeit. Und die schönste Anbetung, die wir dem Ewigen entgegenbringen können, ist lebensfrohes Dankbarsein für alle Gaben des Geistes.

Es gibt eine Gemeinschaft von Menschen, die nur ein Gebot kennt: ständiges Dankbarsein dem Schöpfer gegenüber für alles, was geschieht. Wie schon die Gepflogenheit, die Frage nach dem Befinden mit *„Danke, gut!"* zu beantworten, Mitfreude auslöst und die Lebenskraft erhöht, so stellt die Gewohnheit, hundertmal am Tage Gott zu danken, den Menschen in einen Strom zunehmender Segnungen.

Solche Menschen, die durch ihr Dankbarsein das Lichte und Gute in der Welt mehren helfen, sehen sich in ihrem Wohlverhalten täglich auf neue bestärkt. Den weniger Glücklichen zur Nachahmung empfohlen!

100 ZUM GEBORGENSEIN ERWACHEN!

„Dem Mühen der Ameisen gleicht das Leben der meisten Menschen, dem Hin- und Herlaufen unruhiger Fliegen oder einem Guckkasten, in dem ein Bild nach dem anderen abschnurrt", — aber, so ergänzt der römische Kaiser und Philosoph Mark Aurel diesen Vergleich — „mitten in diesem Getriebe fest zu stehen mit ruhig-freundlichem Sinn, das ist unsere Aufgabe und Sinn aller Lebenskunst."

Er sah in der *Gelassenheit* den besten Trost ob der Unbill des Lebens: Der Weise steht mit beiden Füßen im Leben, erhebt sich aber mit Kopf und Herz über das Leben und läßt sich durch das Kommen und Gehen der Dinge nicht erschüttern, weil ihm das Beste und Wichtigste — sein *Selbst* — nicht verlorengehen kann.

Ob, wie Cicero sagt, „eine höhere Macht sorgsam über dem Menschengeschlecht waltet" und alles zum Guten gestaltet, oder ob, wie Menander lehrte, „von Geburt an ein Schutzgeist jedes Wesen begleitet und sein

Leben von innen her leitet" – in jedem Falle können wir, wie Thomas von Kempen gewiß macht, jederzeit vor dem Auf und Ab und den Nöten des Daseins Zuflucht finden in dem, was vom äußeren Wandel unberührt bleibt, in unserm Innern: „Aller äußere Trost, den die Dinge geben, ist eitel, aller Menschentrost kurz; aber der *innerliche Trost* ist wahrhaftig, beglückend und von Dauer."

Um dieses inneren Trostes teilhaftig, unseres Behütetseins von innen her bewußt zu werden, brauchen wir uns nur von den äußeren Umständen, die uns beunruhigen und bedrücken, ab- und selbstbesinnend nach innen zu wenden und jene Stätte des Schweigens im Innersten unseres Wesens aufzusuchen, an der uns nach dem Maße unseres Vertrauens zu den geistigen Mächten, die lenkend hinter allem Leben und Geschehen stehen, das Bewußtsein unseres *Geborgenseins* zuteil wird.

Wir können aus dieser inneren Kraftquelle jederzeit neue Zuversicht und Energie schöpfen, indem wir uns in das Reich des Schweigens einsenken und unsere Sorgen und Lasten der inneren Macht übergeben. In dieses schutzbietende Reich können wir jederzeit eintreten.

Auch wenn wir unter Menschen weilen, können wir der inneren Stille bewußt werden und zur Kraftberührung mit dem inneren Leben gelangen. Noch leichter in der Einsamkeit: in der Stille eines Gartens oder im Walde, am Strande des Meeres, in den Bergen oder nachts beim Aufblick zu den Sternen, oder daheim, wenn wir uns in den ruhigsten Raum zurückziehen, die Vorhänge zuziehen, uns entspannt hinsetzen oder -legen und die Außenwelt abklingen lassen, damit die innere Welt sich auftue.

Sowie wir uns, still geworden, nach innen öffnen, kann *die Kraft, die immer da ist,* in uns aufströmen und uns unser Eingebettetsein in ein bergendes Ewiges lebendiger bewußt machen. Nichts ist beglückender als solche Augenblicke der Kraftgewinnung von innen her, in denen für Sekunden die Wahrheit in uns aufblitzt, der wir eigentlich *immer* gewiß sein sollten: *die Wahrheit unseres ewigen Geborgenseins.*

101 DEN LICHTGLAUBEN HABEN!

„Das Wesen, das alles schuf, hat wirklich einen *Strahl des Lichts,* einen Abglanz der ihm eigenen Kräfte in unsere schwache Organisation gelegt, und so niedrig der Mensch sei, kann er doch sagen: Ich habe etwas mit Gott gemein; ich besitze Fähigkeiten, die der Erhabenste, den ich in seinen Werken kenne, auch haben muß, denn er hat sie rings um mich offenbart."

Dieses Wort Herders in seinen „Ideen zur Philosophie der Geschichte der Menschheit" enthält einen von den meisten nicht beachteten Hinweis auf das *Licht,* das wir in uns tragen, dessen *Kraft,* wenn sie durch den *Glauben* aktiviert wird, uns befähigt, alles Dunkle aufzuhellen und alles Widrige zu überwinden.

Glücklich der, der diesen Hinweis wörtlich nimmt und seinen Licht-Glauben vorbehaltlos betätigt! Er wird staunen über die Wirkungen, die er dadurch auslöst, und über seine Unbesiegbarkeit.

Dunkles und Widriges mag ihn von allen Seiten bedrohen: wenn er weiß, daß er nicht allein steht, daß die mächtigste Kraft der Welt in ihm ist — die alles überwindende Kraft des Lichts –, wird er, statt ängstlich vor dem Dunkel zurückzuweichen, es mit seinem Lichtglauben anstrahlen – und dann erleben, wie die Dämonen der Finsternis feige in das Nichts zurückweichen, dem sie entstammen.

Wer diesen *Lichtglauben* hat, kann keine Angst empfinden, durch nichts erschreckt, von keinem Neid und Haß der Welt vergiftet werden. Denn sein Blick ist auf die Wirklichkeit gerichtet, in deren Tageshelle alles Dunkle und Widrige wie ein Traum zerflattert und entwird.

Das klingt sehr theoretisch, erweist sich aber als eminent praktisch und lebenswahr, sowie wir der *Wirklichkeit* mehr als dem Anschein der Dinge und Umstände vertrauen und sie durch unseren Lichtglauben sichtbar machen.

Wo nämlich das Dunkle und Negative als aus sich selbst machtlos und gefahrlos, als bloßer Schatten noch verborgenen Lichts, erkannt wird, ist es schon halb besiegt. Wird ihm mit positiver Haltung begegnet, mit dem festen Blick auf die dem negativen Anschein und Schatten zugrundeliegende lichte Wirklichkeit, dann wird das Dunkle, vom Lichtstrahl der Wahrheit getroffen, sich als Nichts erweisen und sich auflösen.

Wer diesen *lichten Blick* besitzt und ihn auf die dunklen Dinge wirft, erlebt, wie deren Gesicht sich wandelt und die Schatten, wie Nebel im Sonnenlicht, ihre Nichtigkeit enthüllen. Der Lichtglaube, der ihnen bis auf den Grund blickt, erkennt ihre Unwirklichkeit und offenbart ihre Ohnmacht.

Wem dieser Lichtglaube noch schwerfällt, der besinne sich auf das Wort des Apostels (1. Thess. 5, 5): „Ihr seid allzumal *Kinder des Lichts*" und andere gleichsinnige Verheißungen und folge der Mahnung des Johannes-Evangeliums (12, 36): „Glaubet an das Licht und daß ihr Kinder des Lichts seid" und erkennt eure Macht gegenüber allem, was nicht licht und wirklich ist!

Dann wird er sich bald aus der Masse derer lösen, die den Weg durch das Dunkel der Nichterkenntnis gehen, und sich den Wenigen anschließen, die, wie Auguste Supper sagt, lichtwärts schreiten: „Sie folgen keiner Lockung, keiner Lust, nur einer Stimme in der eig'nen Brust. Wohin, wohin? Es raunt untrüglich Ahnen, daß sie den Pfad zur letzten Höhe bahnen."

102 NACH INNEN OFFEN SEIN!

Die meisten Menschen sind ständig nach *außen* offen und zum Sehen, Hören und Nehmen bereit, selten aber nach innen und oben. Darum ist ihr Leben voller Mißhelligkeiten und Mißstände.

Wären sie mehr nach *innen* geöffnet, hellhöriger für die innere Stimme, wacher für das innere Licht, aufnahmebereiter für die Gaben des Geistes, dann würde die innere Helle und Ordnung, Führung und Weisheit in ihrem Leben sichtbarer werden, ihr Stand fester, ihr Zustand beglückender.

Und dann würden sie auch den Sinn des *Gebets* besser verstehen: Beten heißt nicht fordern und verlangen, sondern sich allvertrauend aufschließen und dankbar aufnehmen.

Wo die Bereitschaft frohen Empfangens da ist, bedarf es keiner Bitten; denn dann wird uns gegeben, dessen wir bedürfen. Der Geist des Lebens ist der Geist der Fülle, während Mangel und Not Erzeugnisse des Menschen sind. Solange der Mensch in seiner Ichgebundenheit und Wirklichkeitsblindheit mehr auf äußere Hilfen vertraut als auf die Hilfe von innen und oben, ist er noch kein Empfangender.

Um an der Fülle des Lebens teilzuhaben, müssen wir es den Blumen gleichtun, uns dem Licht zu öffnen und unseren Geist empfangswillig halten für alle guten Gaben des Lebens. Dieser Reichtum wird uns ständig dargereicht; aber weil wir nach außen blicken, nehmen wir die Gaben nicht wahr und nicht auf ... Und dann darben wir, statt aus der Fülle zu schöpfen.

Lernen wir, ein offenes Gefäß zu sein für den Einstrom von oben. Christian Morgenstern traf den Kern, als er sagte: „Mein einziges Gebet ist um *Vertiefung.*" Denn indem wir uns vertiefen, uns *tiefer machen,* werden wir aufnahmefähiger; und dann brauchen wir um nichts zu bitten, weil unser Offen- und Empfänglichsein bewirkt, daß uns, wie einem tiefen Tal die Bäche von den Bergen, das zuströmt, dessen wir zu unserem Wachstum bedürfen.

Je tiefer wir uns in uns selbst und in die Wirklichkeit des Lebens einsenken, desto näher kommen wir den ewigen Strömen der Tiefe. Und dann entdecken wir, wie die schweigende Entsinkung in die Tiefen des Seins Kräfte zum Wirken bringt, von denen die Welt nichts weiß. Von hier aus erwächst uns das Vermögen und die Kraft, auch das zu verwirklichen, was ‚über unsere Kraft' geht. Es ist die Allkraft, die dann durch uns wirkt, alles ordnet und zum Besten führt.

Wenn uns diese Haltung inneren Offenseins durch

Übung zur Gewohnheit wird, wird unser Leben mehr und mehr zum Gebet und unser Gebet zum Leben. Dann sind wir eins mit dem Strom der Fülle, der uns immerfort speist und unser Leben durchlichtet und glückreich macht. Dann wissen wir uns behütet, gelenkt und geborgen im Herzen dessen, der in uns wie über uns ist und unser Wohl wirkt.

103 DAS LICHT IN SICH WISSEN!

Wie eine Nebelwanderung, bei der man im Kreise geht und sein Ziel verfehlt, erscheint manchem das Dasein, weil er nicht weiß, daß alle Dunkelheit und Ungewißheit aufhellbar ist — von innen her.

Wenn jeder Weg versperrt scheint — der Weg nach *innen* steht uns allezeit offen. Je williger wir uns in Stille und Schweigen nach innen aufschließen, desto wacher wird unser Auge für die Helle des Innern. Alsdann erkennen wir, daß unser Leben so licht und geborgen ist, wie wir es *bejahen* — im vertrauenden Blick auf die Strahlkraft der ewigen Liebe, die hinter der Schattenwelt des äußeren Daseins die lichte Wirklichkeit sichtbar werden läßt.

Was bedeutet das praktisch? Man spricht oft mit Joubert von *„lichten Augenblicken“* als jenen seltenen „Augenblicken des Glücks, in denen es hell wird in unserem Geiste“, so daß auch das Leben lichter und leichter erscheint. Es sind Augenblicke des Innewerdens der inneren Sonne, von der Licht auch auf die äußeren Dinge und Umstände fällt und die verborgene Ordnung und Harmonie erkennbar macht.

Solche lichten Augenblicke können wir jederzeit haben, wenn wir dem Rat der Stoiker folgen: „Blicke in Dich! In Deinem Innern ist ein Quell, der nie versiegt, wenn Du nur zu graben verstehst!“ In Deinem Innern ist ein Licht, das nie erlischt, wenn Du nur zu sehen lernst! Es erleuchtet nicht nur Dich selbst, sondern auch alle Finsternis um Dich herum.

Blicke in Dich! mahnt auch Christus mit seinem Hinweis auf die Lichtheit des Innern (Luk. 17, 21): „Das Reich Gottes ist *inwendig in euch.*“ Es ist jenes Reich, in dem, wie Paulus (2. Kor. 4, 16) sagt, „der innere Mensch von Tag zu Tag erneuert wird“ und erleuchtet.

Erleuchtung ist wörtlich gemeint: es ist ein Erkennen im Licht des Innern, bei dem uns statt der Teile das *Ganze* bewußt wird, hinter allem Widerspruchsvollen und Ungewissen des äußeren Lebens die innere Planhaftigkeit und Weisheit – und die Führung und Hilfe von oben.

Vertrauen und Bejahen leiten uns zur Verbindung mit der inneren Lichtwelt und den helfenden Kräften von oben – doch nur so weit, als sie nicht passiv und statisch bleiben, sondern aktiv und dynamisch werden, also in unserem Verhalten und *Handeln* Ausdruck finden. Solch Tun ist unmittelbar gesegnet.

Äußeres *Wissen* ist mittelbar und unzulänglich; die *Gewißheit* hingegen, der wir in der Hinwendung zum inneren Licht und im Erleuchtetwerden von innen her teilhaftig werden, ist unmittelbares Innewerden der Wirklichkeit.

Im Lichte des Innern verklärt sich unser äußeres Leben, alles wird heilvoll, offenbart seine Sinnerfülltheit und leitet uns von der Einsicht zur Übersicht über unseren wirklichen Weg, der ständig aufwärts führt — zu wachsender Lichtheit, Vollkommenheit und Einheit.

Wer das Licht in sich weiß, kennt weder Sorge noch Verlassensein. Er empfängt nach dem Maße der Durchlässigkeit seines Herzens für das innere Licht Inspirationen und Hilfen, wann immer er ihrer bedarf, und weiß sich allezeit im Einklang mit dem Ewigen.

104 DURCH EINKEHR AUFSTEIGEN!

„Die beste Freude ist Wohnen in uns selbst", sagt Goethe und gibt damit der hilfreichen Lebensweisheit Ausdruck, daß Einkehr bei sich selbst die Umkehr und Wandlung aller Widrigkeiten zum Guten bewirkt.

Was das für unser Leben bedeutet, hat Hermann *Stehr* aufgezeigt: Wir können nur glücklich leben, wenn wir „unaufhörlich bemüht bleiben, der zu werden, der wir sein können, also nach dem Grundsatz leben, jeden Abend besser und edler zu Bett zu gehen, als wir morgens aufgestanden sind. — Solange wird die Wurfschaufel des Schicksals uns in den Wind schütten, bis die Not auch der verknöcherten Brust den Weg zeigt, von wo her *in ihrer eigenen Tiefe* die Rettung möglich ist. Und wenn es den Menschen an allem unsicheren äußeren Glück, aller Eigensucht und Überheblichkeit vorbei bis in die Tiefe seines Wesens geführt hat, dann erhält seine unzerstörbare Sehnsucht nach einem höheren, reineren Leben einen Sinn, den kein Pessimismus in Rücksicht auf vorübergehende äußere Lebensumstände zu entwürdigen, zu vernichten imstande ist.

In unserer Zeit, wo das Gerede von der Pflege des

Kollektivgeistes auf allen Straßen wie ein neues Evangelium ausgeschrien wird, gehört Mut dazu, auf die Seite des Individualismus zu treten, aber sich ihm doch nicht völlig zu verschreiben, sondern ihn als Mittel zur Kenntnis seines *Selbst* als der tiefsten, einzig wahren Wesensmacht zu schätzen, die der Not das Entwürdigende, dem Reichtum das Beschämende nimmt, die alles Leben als Selbstoffenbarung des Göttlichen erweist.

Wenn ich vom *Selbst* spreche, meine ich allerdings nicht jenes Ich, das ich täglich erfahre als meine äußere Erscheinung. Dieses flüchtige Ich ist nicht mein wahres, eigentliches Selbst. Man muß tiefer in sich hineinschreiten, um zu seinem innersten Selbst zu finden.

Es gibt unendlich viele Grade der Art, wie Menschen mit diesem Urgrund ihrer selbst und des Kosmos verbunden sind. Die unendliche Vielfalt der Grade der Seelenhaftigkeit der Menschen tritt in der Mannigfaltigkeit ihrer *Individualität* in Erscheinung. Ein Mensch mag sein, was immer – was liegt daran, wenn er nur darauf aus ist, seine Seele, sein innerstes *Selbst* wirkend und handelnd in seinem Leben zur Entfaltung zu bringen, wenn er nur nicht aufhört, die Musik dieses ewigen Lebens seiner letzten Tiefe durch die Gestalt seiner Eigenart tönen zu lassen! Durch die Treue im Festhalten und in der Ausbildung dieses seines innersten Wesens wird er zur Persönlichkeit, die Goethe das ‚höchste Glück der Erdenkinder' nennt.

Dahin gelangt der Mensch nicht durch das, was er besitzend hat, was er sozial gilt, sondern allein durch das, was er im Tiefsten *ist.* Diese Vollendung seiner selbst soll er lieben, nach ihr soll er streben. Denn nicht von außen, sondern aus unserem innersten Selbst steigen die wahrhaften Güter, deren wir bedürfen: die Liebe, die Güte, die Wahrhaftigkeit, die wahre Treue.

Gewiß wird die Not, die die Menschen drückt, nicht von heute auf morgen schwinden, ja, sie kann noch größer werden und so anwachsen, daß wir keine andere Rettung finden als die Einkehr in uns selbst. Der Durchbruch dieser Erkenntnis ist der Beginn des Aufstiegs."

Denn die Wendung nach innen führt zur Selbsterkenntnis und Selbstverwirklichung, und mit ihr beginnt die allein beglückende Sinnerfüllung unseres Lebens.

105 DEN INNEREN WEG GEHEN!

Wenn wir durch Täler wandern, kann es geschehen, daß wir uns zuweilen unerwartet vor einer Bergwand sehen, die uns den Weg versperrt. Aber wenn wir nicht stehen bleiben, sondern weitergehen, öffnet sich uns nach einer kleinen Wendung des Weges ein neues Tal, so daß wir beschwingter vorwärtsschreiten.

Das ist ein Gleichnis unserer Lebensfahrt: Oft scheint der Weg zu Ende und kein Ausweg ist sichtbar; doch wenn wir nicht ängstlich stehenbleiben, sondern mutig weiterschreiten, eröffnen sich uns hinter der Wegwende neue Horizonte.

Alles im Leben ist Entsprechung: Der Weg, den wir *äußerlich*, im Auf und Ab des Daseins, gehen, ist Abbild und Gleichnis unseres *inneren Weges*, der ständig höher führt. Wird unser äußerer Weg weithin von der Ichsucht bestimmt, so der innere von der Sehnsucht der Seele, die Suche nach dem Selbst ist und Zug zum göttlichen Überselbst.

Jeder äußere Weg führt am Ende in die Nacht des Nichtseins, der innere aber zu fortschreitender Vollendung und in die Lichtheit ewigen Seins. Auf dem äußeren Wege wird das Leben immer verwirrender und schwieriger; auf dem inneren wird alles auf den kleinsten Nenner gebracht und immer *ein-facher,* weil es unseren *Willen zum Einen entfacht* und steigert.

Auf dem äußeren Wege sind die Güter des Lebens anfangs beglückend; dann werden sie bedrückend und ziehen uns schließlich in Abhängigkeit und Unfreiheit. Auf dem inneren Wege werden sie als Lehen erkannt und, wenn sie lastend werden, willig abgeworfen und zurückgelassen, so daß wir zunehmend freier und dessen gewisser werden, daß der Ewige in uns uns sicher aufwärts leitet.

Der äußere Lebensweg führt bald aufwärts, bald hinab; auf dem inneren erweist sich auch das Abwärts, wie beim Bach, als *Vorwärts.* Und wenn schon ein Bächlein seinen Weg findet, wieviel mehr wir, die wir von innen her geleitet und lichtwärts gezogen werden!

Lernen wir darum, hinter jeder äußeren Not die innere Wende zu sehen und das Notwendige zu tun: nämlich mit doppeltem Mut und Vertrauen vorwärtszuschreiten, bis die neuen Aufgaben und Möglichkeiten sichtbar werden.

Weil das, was die Sinne uns zeigen, nur Schatten ist, nicht die Wirklichkeit, gilt es, statt ängstlich nach Auswegen auszuschauen, gelassen innezuhalten und uns auf dem Wege zur Wirklichkeit zu sehen. Sowie uns der innere Weg bewußt ist, wird auch der äußere lichter und leichter.

Dem, der gar ständig auf den inneren Weg achtet,

werden Welt und Leben durchscheinend wie Kristall, weil er sich nicht nach den äußeren Lichtern richtet, sondern nach dem inneren Licht. In diesem Lichte werden Weg, Wahrheit und Leben für ihn *eins*, und der, der kündete: „Ich bin der Weg, die Wahrheit und das Leben", wird ihm zu innerer Wirklichkeit.

Wer vom Wege weiß, weiß auch um sein Ziel und seine hohe Bestimmung. Er weiß, daß nichts zu fürchten und zu fliehen ist, weil alles gut ist und gottwärts führt. Er weiß, daß alle Wesen Sucher des Lichtes sind, auch wenn sie noch an Schatten hängen, und daß es in Wahrheit weder Sünder noch Heilige gibt, sondern nur Stufen des Wachseins und Wachstums, der Erkenntnis und Erleuchtung.

Und er weiß, daß wenn *er* sich vollendet, auch die Welt vollkommener wird und alle Wesen an Lichtheit gewinnen.

106 FÜR DIE NEUWERDUNG BEREITEN!

Unser heutiges Dasein ist nur ein Blatt, eine Blüte am Baum unseres Lebens, weder die erste noch die letzte ... Wie aus der Wurzel der Pflanze, die im Herbst dahinwelkt und im Winter verschwindet, im Frühjahr eine neue und doch die gleiche Pflanze ans Licht tritt, so bringt unser Wurzelwesen, wenn die Leibesform vergeht, im Frühling neuen Lebens eine neue Offenbarung seiner selbst hervor.

Hinter allem Wechsel und Wandel steht der *Geist*, der sich der Materie wie der Körper bedient, um sich im Laufe unendlicher Zeiten immer vollkommener zu verwirklichen. In diesem Kreislauf ist das Einzelleben nur ein Augenblick – und zugleich ist jeder Augenblick Repräsentant der Ewigkeit und so wesentlich wie sie.

Auch wir Menschen sind auf ständiges Wachstum angelegt und folgen dem Gesetz ewiger Neuwerdung: immer wieder werden alte Formen gesprengt, neue Erfahrungen gemacht, neue Einsichten und Ausblicke gewonnen, neue Wahrheiten erkannt – um so gewisser, je williger wir uns für solche immerwährende Neuwerdung bereiten!

Immerfort lehrt uns das Leben, fortzuschreiten und, über uns selbst hinauswachsend, neue Kräfte und Fähigkeiten zu entfalten. Und jede neue Kraft, die in uns wach wird, dient ihrerseits der Ausbildung noch feinerer Kräfte, die wiederum Vorläufer abermals höherer sind – bis hinauf zur höchsten Kraft und Macht, die Gott ist.

Wir dürfen uns nur nicht vom Schein der Einzeldinge und -umstände blenden und beirren lassen, sondern müssen vom Teil auf das *Ganze* blicken, die großen Zusammenhänge sehen, die geheime Ordnung im Auf und Ab, im Werden und Vergehen und den lichten Faden erkennen, der durch alle Wandlungen stetig höher führt.

Denn diese immerwährende Neuwerdung ist keine Wiederkehr des Gleichen, sondern unendliche Emporwandlung, deren Sinnbild die Spirale ist.

Alles Lebendige befindet sich in diesem Prozeß fortschreitender Höherentwicklung und Vergeistigung: vom Mineral zur Pflanze, zum Tier, zum Menschen und darüber hinaus. Je höher, desto reiner und lichter wird das Leben, desto sternenhafter und göttlicher.

Gibt es etwas Befreienderes und Beglückenderes als dieses Bewußtsein ewiger Neuwerdung? Es ist das unendliche Leben, das Leben des Unendlichen, das sich immer schöner und vollendeter durch uns offenbaren will. Wenn wir uns dafür innerlich aufgeschlossen halten, werden wir mit jeder Wandlung wacher und reifer, größer und stärker, geläuterter und lichter und erheben uns bewußter aus den Dämmerregionen der Nichterkenntnis und Stoffgebundenheit zu den lichten Reichen wachsender Erkenntnis, Weisheit und Vollkommenheit.

107 DEM ZUG NACH OBEN HINGEBEN!

Zwei Kräfte verbürgen den steten Fortschritt und Aufstieg des Menschen: der dunkle *Drang nach vorn,* zum Glück, der aller Entfaltung des Lebendigen zugrundeliegt, und, tiefer innen und seltener erkannt, der *Zug nach oben,* nach Selbstverwirklichung, Vollkommenheit und Einheit mit dem Ewigen.

Dieser Zug nach oben ist Ausdruck jener *geistigen Schwerkraft,* die der nach unten ziehenden irdischen Schwerkraft entgegenwirkt, alle Wesen zum göttlichen All-Mittelpunkt emporzieht und bewirkt, daß sie der lastenden Anziehung der Materie nicht erliegen, sondern sie immer wieder sieghaft überwinden, um so gewisser, je lebendiger der Zug nach oben ihnen bewußt wird.

Der Augenblick vollbewußter Innewerdung dieses hinter allem Schicksal wirkenden Zuges ist jene Sternenstunde des Menschen, da ihm der leise Ruf der Heimat der Seele droben im Licht vernehmbar wird, zu der, wie der Dichter sagt, den Willigen die Sterne weisen:

„O blicke, wenn den Sinn dir will die Welt verwirren,
Zum ew'gen Himmel hin, wo nie die Sterne irren.
Zur Heimat deuten sie; wohl dem, der traut den Sternen;
Den Weg der Erde kann man nur am Himmel lernen",

und nur, wenn man tief innen — durch den Zug nach oben — dem Himmel sich verbunden weiß.

Wer dessen sicher ist, der zagt und grübelt nicht, sondern vertraut dem Geist des Lebens und bejaht, daß jeder Schritt ihn höher führt und alles, was geschieht, seiner Reifung und Vollendung dient. Er weiß, daß er, dem Zug nach oben folgend, stets den Fuß zur lichten Seite des Lebens lenkt und jedesmal für höhere Weisheit und Erleuchtung wach und empfänglich wird.

Je höher er steigt, desto weiter blickt er über den engen Umkreis des Zeitlichen hinaus in die Ewigkeit. Und im gleichen Maße, in dem er lernt, „tief durch alles Wechsels Weh'n ruhig Gottes Aug' zu sehn", lösen sich die Daseins-Dissonanzen in Himmels-Harmonien auf.

Indem er sich dem Zug nach oben willig überläßt, wird ihm mit jeder neuen Stufe, die er erklimmt, eine abermals höhere sichtbar, die ihm vorher verborgen war. Und allmählich geht ihm auf, daß diese Stufenfolge unendlich ist und jener Himmelsleiter gleicht, die Jakob im Traume sah, auf der den gläubig Aufwärtssteigenden Engelhände hilfreich höherleiten.

In der *Hingabe* an den Zug nach oben erkennt er ihn als Hilfe, die Dinge mit den Augen Gottes zu sehen und im Gewißsein seiner Teilhabe an der Allharmonie und Kraftfülle des Ewigen an Größe und Wert zu gewinnen. Er weiß sich dann durch alle Wirrnis und Dunkelheit des Daseins lichtwärts geleitet vom Vergänglichen zum Bleibenden, vom Zeitlichen zum Ewigen.

Auf diesem Wege ist jeder Schritt — als Schritt zu Gott hin — Seligkeit.

108 IM EWIGEN WURZELN!

Vom Riesen *Antaeus* berichtet die Sage, daß er jedermann einlud, mit ihm zu ringen: wurde er dabei hoch gehoben, verlor er seine Kraft; wenn er aber seine Mutter, die Erde, berührte, flossen ihm neue Kräfte zu.

Antaeus ist ein Gegen-Bild des Menschen: Wenn der Mensch aus seiner Verwurzelung im Ewigen gelöst, ihrer unbewußt wird, verliert er seine Kraft; wenn er sich aber in den geistigen Mutterboden, den ewigen Seelengrund, einsenkt, wird er mit neuen Kräften belebt.

Als Geistwesen lebt er mit dem größten Teil seiner selbst in der inneren Welt, und jederzeit kann er sich einwärts-wenden und sein Wesenskraftfeld durch den Anschluß an die Kräfteströme des Ewigen neu aufladen. Denn der ewige Mutterboden, in dem sein Selbst wurzelt, ist das Lichtreich der Wirklichkeit, der Kraft und der Fülle.

Alle Lichtgedanken, die hier vermittelt werden, sind aus der Berührung mit diesem Innenreich erflossen. In dieser Berührung wissen wir um geistige Hilfen, die jedem materiellen Beistand, jeder äußeren Sicherung überlegen sind. Wir wissen, daß kein Ruf nach innen ungehört verhallt, daß jedem Impuls des Vertrauens von höheren Mächten Antwort wird.

Im Ewigen wurzeln heißt mit uns selbst im Enklang und mit den Kräften von oben verbündet sein. Es heißt aus dem Geiste leben und in Gott sein. Mögen alle Wege in der äußeren Welt verschlossen scheinen, der Weg nach innen ist immer offen. Und je tiefer innen, desto reicher fließt der Strom schöpferischer Inspirationen und helfender Kräfte.

Die Kraft von oben ist immer da. Nur wir sind nicht immer für sie aufgeschlossen. Nur zu oft gleichen wir dem Kapitän, dessen Schiff vor der Mündung des Amazonas ankerte und der mit seiner Mannschaft verdurstet wäre, wenn nicht die Fischer, die er um Trinkwasser anflehte, ihm bedeutet hätten, daß sein Schiff ja darin schwimme.

Wie er nur die Eimer hinabzulassen brauchte, so brauchen wir nur den Eimer des Vertrauens ins Meer des Ewigen, in dem wir ankern, hinabzulassen, um der Fülle der Kraft und Hilfe teilhaftig zu werden. Unser *Vertrauen* macht uns aufgeschlossen und empfänglich für die Gaben und Hilfen des Ewigen ...

... Nun wenden wir uns zwar allnächtlich *unbewußt* nach innen, um im Schlaf Kraft für den neuen Tag zu gewinnen. Aber wir sollten und können das auch *bewußt* tun und uns mit den letzten Gedanken beim Einschlafen willig in das Reich des Ewigen einsenken, um unser Verwurzelt- und Geborgensein im Ewigen und die Kraftgewinnung von innen her zu erfahren.

Und auch tagsüber sollten wir oft in die Stille gehen und uns dem Gewißsein unseres Geführt- und Beschütztseins von innen her überlassen, damit die Kräfte des Ewigen stärker fließen und uns helfen, unser Leben und Schicksal zu meistern.

Dem Ewigen verbunden, leben wir mitten in der Welt in Sicherheit, alles, was wir in diesem Gewißsein beginnen, führt zum Gelingen und wird zugleich ein Schritt nach oben auf unserem Wege zur Vollendung.

109 LICHTTRÄGER SEIN!

Wenn man die Menschen von sich berichten hört, leben die meisten anscheinend im Schatten des Glücks oder zumindest in einer Dämmerung, in der sie ihr heimliches Sehnen nach einem lichteren und leichteren Leben unerfüllt sehen . . . Jacob Wassermann nennt sie die „*Lichtlosen,* die unter einem schwarzen Stern leben und ihr dunkles Fatum so lange herausfordern, bis es sie zertritt."

Sie alle könnten glücklicher leben, wenn sie die rechte Folgerung aus der Erkenntnis ziehen würden, daß „Schattenseite und Sonnenseite im Menschenleben nicht von äußeren Umständen abhängen, sondern von etwas Höherem, Innerem": von ihrer geistigen Haltung, vom Grad ihres Wachseins für die Wirklichkeit und ihres Vertrauens zum Leben.

Dunkel sind die Wege, die das Schicksal geht, nur für den, der selbst noch unerhellt ist. Wer aber um den lichten Kern in allen Wesen und Dingen weiß und darum an allem zuerst das Lichte sieht, vor allem sich selbst als Lichtträger bejaht und als Lichtspender betätigt, der sieht die Wege des Schicksals erhellt, ist seiner Zukunft gewiß und bewirkt, daß seine innere Lichtheit sich auch seiner Umwelt herzerhebend und lebensdurchsonnend mitteilt.

Weise handelt, wer dem Leitgedanken Rückerts folgt:

„Blick nicht bei allem auf die Schattenseite!
Du freue Dich des Lichts und leb' im Licht,
Und stets empor zu höherem Lichte leite
Dich Deines Licht-Bewußtseins Zuversicht!"

Tun wir es den Pflanzen gleich, die sich ständig dem Lichte zukehren und aus ihm leben. *Auch wir* sind Kinder des Lichts – nicht nur des äußeren Sonnenlichts, sondern auch des inneren geistigen Lebens-Lichts. Aber wir leben erst wirklich aus dem Licht, wenn wir es *bewußt* tun und uns dem Lichte willig offenhalten.

Dann spüren wir im Licht die Gabe des Himmels, den Boten des Ewigen. Dann blicken wir nicht mehr auf das Dunkle, Ungewisse, Zweifelweckende, sondern wenden uns zuversichtlich und lichtbejahend dem Hellen und Schönen, Guten und Wahren zu. Und dann wird unser *wirkliches Wesen* offenbar, das Licht ist.

Werden wir uns dessen bewußt, daß wir in der Schule des Lebens die Aufgabe haben, in fortschreitender Selbstverwirklichung zu einem Lichtträger und Lichtspender zu werden, der jede Prüfung des Schicksals als Ruf an seinen inneren Lichtsinn wertet und als Aufgabe, die Finsternis um ihn herum aufzuhellen, die Schatten des Mißmuts und Mißbehagens, des Mißtrauens und Mißgeschicks aus den Herzen zu vertreiben und den lichten Mächten des Daseins zum Sieg zu verhelfen.

Je bewußter wir das tun, desto sichtbarer sehen wir unseren Lichtglauben gerechtfertigt. Sowie es in uns hell ist, hellt sich auch unser Leben und Schicksal und das der Wesen um uns auf. Denn wie innen, so außen!

„Wer den Himmel nicht in sich trägt, der sucht ihn vergeblich im ganzen Weltall“, mahnt ein Dichter, Otto *Ludwig,* und fügt hinzu: „O suche nie Dein Glück im Weltgewimmel! Je tiefer in Dich zurück, je höher im Himmel.“

Er erkannte, daß alles, was unsere Sinne uns an Verlockendem zutragen, nur schwacher Abglanz, Gleichnis und Verheißung höherer Freuden und Gewißheiten ist, die auf uns warten.

Einstweilen irren wir alle ruhelos auf den Wegen der Welt umher. Doch sobald wir innehalten, stille stehen und, nach innen blickend, leise spüren, wie im Schweigen des Innern ein unsagbarer Friede in uns aufquillt, nähern wir uns dem Reich der Wirklichkeit, das wir den ‚*Himmel*‘ nennen.

Für die meisten ist dieser ‚Himmel‘ nur ein vager Begriff, der bestenfalls astronomisch den schwerelosen kosmischen Raum außerhalb der Erde meint, sonst aber als naiver Aberglaube erscheint. Und doch ist der Himmel eine Realität.

‚*Himmel*‘ meint nämlich wörtlich das *Heimelige,* Bergende, das uns schützend umhegende Reich der Wirklichkeit, in dem wir mit unserem innersten Wesen wurzeln. Er ist nicht nur Ursprung, sondern auch Erfüllung allen Sehnens des immerfort suchenden Menschenherzens und als ein Zustand höheren Wachseins, lebendigerer Bewußtheit und lichterer Erkenntnis und Gewißheit innerlich unmittelbar erfahrbar.

Den Himmel in sich wissen heißt: um ein größeres, volleres, wirklicheres Leben wissen als das bloße Da-

Sein, mit dem die meisten sich begnügen — ein Leben, in dem Vergangenheit, Gegenwart und Zukunft zum *Jetzt*, alle Ferne und Weite zum *Hier* zusammenfließt, alles Getrenntsein dem Einssein, alle Unvollkommenheit und Not der höchsten Freiheit zu allem, was gut und aus Gott ist, weicht und dem Gewißsein des Geborgenseins in den Armen des Ewigen.

Wir sind alle immerfort auf dem Wege dorthin — und um so gelassener und glücklicher, je näher wir ihm kommen. Wir brauchen nur dem Glücks- und Lichtsinn der Seele zu folgen, um unseres Geleitetseins im äußeren Dasein und inneren Daheimseins immer lebendiger innezuwerden. Denn wir Menschen sind, wie ein dänischer Dichter, Anker-Larsen, es sah, eine „Gemeinde, die in den Himmel wächst", deren Gliedern selbst die Sonne droben schließlich zu einem blassen Spiegelbild des helleren Lichtes wird, das *in ihnen* strahlt.

Was jetzt erst Einzelne wissen — daß der Ewige uns unendlich *nahe* ist —, werden schließlich alle erkennen. In der Seligkeit dieses Wissens wird aus Nähe *Gegenwart* werden: sie werden sich im Himmel und den Himmel in sich erkennen — mit jener Klarheit inneren Schauens, in dessen Licht Welt und Wesen wie ein aufgeschlagenes Buch vor ihnen liegen und nichts mehr ungewiß und verborgen ist.

Dann werden sie Wissen von Weisheit unterscheiden: das Wissen der Welt, das in den grauen Zellen ihres Gehirns und in den Schatzkammern ihres Gedächtnisses gespeichert ist, und die Weisheit des Himmels, die sie aus den Lichtabgründen ihrer Seele schöpfen und die ihnen die Augen öffnet für die Wahrheit der Frohbotschaft Christi: „Das Reich Gottes ist *inwendig in euch.*"

Dies sind weder schöne Worte noch Versprechungen, sondern Gewißheiten, die auch die Deinen sind — wenn Du es nur, nach innend schauend, erkennen wolltest!

111 DURCH HINGABE VOLLENDEN!

Leben heißt wachsen, reifer- und vollkommener-werden. *Vollendung* ist die Pforte, durch die wir aus dem zeitlichen in das ewige Leben treten, aus dem Schattenreich des Scheins in das Lichtreich der Wirklichkeit. Das Geheimnis der Vollendung aber heißt *Hingabe.*

Wie geben seliger ist als nehmen, so ist hingeben höher als halten. Denn wer behalten will, sucht noch in Äußerem Halt; wer hingibt, weiß um den inneren Halt.

Solche Hingabe erfordert höchsten Mut und geduldige Gewilltheit, im Streben nach dem Höchsten ewig aufwärts zu schreiten. Doch wie kein Geben ohne Empfangen ist, so keine Hingabe ohne höchsten Gewinn. Jede Hingabe zerreißt Schleier der Nichterkenntnis, läßt unser Wesen lichter werden und dem Einssein mit dem Einen näherkommen. Mit jedem Gedanken freudiger Hingabe verlieren Lasten an Gewicht, wandelt sich Verlassenheit in Geborgenheit.

Sich durch Hingabe vollenden heißt, nicht rückwärts auf Bedürfnisse und Mängel zu starren, sondern sie vorwärtsblickend als Anstoß und Stufe zum Aufstieg zu werten. Soweit sie uns nötigen, höher zu klimmen, enthüllen sich Mängel als Vorzüge. Und dann erweist sich, daß Widerstände, Übel und Leiden genau den Kräften entsprechen, die in uns schlummerten und deren Wekkung und weise Betätigung sie überwand.

Hinterher erkennen wir jeden Schlag als Ritterschlag, der einen Funken des Göttlichen in uns wachschlug, und jedes Leid als Leite zum Licht.

Die drei Stufen des Weges zur Vollendung durch Hingabe gleichen den Stufen des Gebets: auf der untersten bittet der Mensch mit Worten, die andere erdachten, um ihm die Hinwendung zum Ewigen zu erleichtern, und die nur soweit Wirkung haben, als sie in ihm lebendig werden.

Auf der Mittelstufe wendet er sich an den Geist des Lebens mit Worten, die sein Herz ihm eingibt und die die Verwirklichung des gläubig Bejahten oft unmittelbar nach sich ziehen.

Auf der Oberstufe ist sein ganzes Wesen worteloses Schweigen, Heraustreten aus sich selbst und Hingabe an den Höchsten: Er bittet nicht mehr, sondern dankt für das, was er bereits empfing, bevor sein Verlangen Gestalt gewann.

Dem Hingebenden wird alles zum Heil. Und dieses Heil bleibt zeitlos wirksam. Das Kraftfeld der Segnungen, das Heilige und Vollendete in höchster Hingabe an den Willen Gottes und in liebender Fürsorge für ihre Mitgeschöpfe schufen, ist unzerstörbar, weil sein Sender unvergänglich ist. Daher rührt es, daß in gläubigem Vertrauen an einen Heiligen und Vollendeten gerichtete Bitten heute noch und alle Zeit Erfüllung finden.

Wer sich gleich ihm hingibt, hat gleich ihm Teil an der Fülle des Reiches Gottes. Denn in der Hingabe wird aus Zweiheit Einssein. Alsdann ist kein Hier und Dort mehr, kein Außen und Innen, kein Ich und Du, sondern nur *ein Sein.* Wer aber mit dem Einen eins ist, hat alles.

K. O. Schmidt

NEUE LEBENSSCHULE

Ein Jahresplan der Lebens- und Erfolgsbemeisterung
in 52 Wochenlektionen

Um die ständig steigenden Anforderungen, die in der heutigen Zeit an jeden einzelnen von uns gestellt werden, bewältigen zu können, gewinnt die Schulung der geistigen Kräfte und die Aktivierung des Überbewußtseins eine immer größere Bedeutung.

In dem vorliegenden Werk vermittelt K. O. Schmidt, der Meister des positiven Denkens, in 52 Wochenlektionen eine umfassende und gut fundierte Grundlage, das Leben optimal zu gestalten und alle Lebenshemmungen und -hindernisse zu überwinden.

Die Beherrschung der Lebensgesetze und eine Fülle praktischer Übungen, die sämtliche Bereiche des menschlichen Lebens umfassen, helfen, die schöpferischen Kräfte der Seele zu aktivieren.

Der Lebensschüler entdeckt so eine Vielzahl bisher unbekannter Fähigkeiten und Talente in den Tiefen seines Wesens. Er lernt, seiner inneren Führung zu folgen und seinen eigenen individuellen Weg zufinden. So lebt er schließlich im Einklang mit sich selbst, seinen Mitmenschen und den ewigen Gesetzen. . .

Hier eine kleine Kostprobe aus dem Inhaltsverzeichnis:

Band I: In Dir ist die Kraft

Mache Dein Leben zu Deinem Meisterwerk! – Steigerung der Willenskraft – Praxis der Konzentration – Entfaltung der schöpferischen Kräfte – Ausdauer ersetzt Genialität – Beseitigung seelischer Hemmungen – Überwindung von Minderwertigkeitsgefühlen – Grundlagen des Erfolges – etc.

412 Seiten

Band II: Macht der Persönlichkeit

Sicheres Auftraten – Macht der Persönlichkeit – Menschenkenntnis – Steigerung der persönlichen Anziehungskraft – Richtig lernen und behalten, Überwindung von Gedächtnisschwäche – Richtig verhandeln – Geistesgegenwart und Schlagfertigkeit – Selbstschutz vor Fremdbeeinflussung – Das Gesetz der Anziehung – Das Gesetz des Wachstums – etc.

348 Seiten

Band III: Die schöpferischen Kräfte

Erkenne Dich selbst! Von der Selbsterkenntnis zur Selbstverwirklichung – Der Mensch, Schatzkammer schöpferischer Kräfte – Emerson, der Lebenslehrer – Der Geist des Lebens – Der äußere und der innere Mensch – Persönlichkeit und Individualität – Aktivierung der Tiefenkräfte – Kraftfeld Mensch – etc.

384 Seiten

Einzelband broschiert DM 24,80/Leinen DM 36,–

Band I–III zus. brosch. ISBN 3-87667-174-4 DM 68,–

Band I–III zus. Leinen ISBN 3-87667-164-7 DM 98,–

DER LEUCHTER

REICHL-VERLAG · D-5401 St. GOAR

Gesamtverzeichnis des Verlages auf Anfrage

K. O. Schmidt

SELBST- UND LEBENSBEMEISTERUNG

durch Gedankenkraft

Der bekannte Lebenslehrer K. O. Schmidt vermittelt Kerngedanken der Kunst positiver Lebensbemeisterung. Durch die einfache wie überzeugende Form und Sprache wird der Leser zu eigenen Erfahrungen inspiriert. K. O. Schmidt führt uns am Beispiel eines bewußt gelebten Tages vor, wie man den Tagesablauf dynamischer gestalten kann. Eine Fülle praktischer Ratschläge und Anregungen helfen uns, Körper und Stimmungen vollkommener zu beherrschen. Innere Hemmungen und äußere Schwierigkeiten werden überwunden, die Gesundheit stabilisiert und Leistungskraft von Körper und Geist gefördert. Die größere Dynamik und innere Ausgeglichenheit sowie die stärkere Lebensfreude verhelfen zu einer neuen Lebenshaltung, durch die unser Dasein insgesamt gewinnt.

SCHÖNHEIT DES ALTERS

Die zweite Leistungswelle

Die Zeit ab dem 50. Lebensjahr kann bei richtiger Einstellung und Aktivierung, besonders der geistigen Fähigkeiten, Ausgangspunkt jahrzehntelanger Rüstigkeit und fruchtbaren schöpferischen Wirkens sein.

K. O. Schmidt zeigt, daß nicht nur Künstler und Wissenschaftler in dieser Zeit ihre besten Kräfte entfaltet haben. Jeder Mensch, der sich nicht selbst aufgibt, sondern in seiner Lebenshaltung positiv bleibt, kann durch Erfahrung, Weisheit und Klugheit schöpferisch auf seine Umgebung einwirken.

Das Buch lenkt den Blick auf die Zeitlosigkeit des inneren Wesens. So wird es möglich, die Freuden und Vorteile, die gerade dieser Abschnitt des Lebens bietet, zu erkennen und auszuschöpfen.